実はこんなに奥が深かった！　意外と知られていない青森県のオキテ！

青森共和国のオキテ100カ条

青森
黒石
五所川原
つがる
むつ
十和田
八戸
平川
弘前
三沢

「利きリンゴ」で品種をあてるべし!!

監修　伊奈かっぺい

メイツ出版

はじめに

生まれ育ったふるさと青森のことも、子どもの頃から慣れ親しんでいる津軽弁と呼ばれる方言のことも、一度だって〝学問〟として考えたことはない。この年齢になるまで、この地から離れて暮らしたことがないのだから何もかも、ずっと今のままの流れの中で何を今さら改めてこの地を思う必要があろうか、なのだ。

その青森のことを一冊にまとめてみましたので目を通していただけませんかと言われて驚いた。果たしてそんなことが出来るのだろうか。

青森県は大きく分けて津軽地方、南部地方、下北地方のみっつ。それぞれの分かれ方は本文でもそれなりの解釈説明解説がなされているが、つまりコレらみっつの歴史も気候風土も成り立ちも思い出も違う土地柄をひとつの県にまとめた人の顔が見たいと常々思ってきた私だ。はっきりと言えば、廃藩置県の際の線引きのミス。日本海側と太平洋側、縦に割るには狭すぎるだろうからと本州の北の端を横線で分けたせいで津軽と南部は同じ県にされてしまった。ここからすべての間違いが生じて現在に到る（笑）。嘘だと思うなら本書を丹念に読むが良い。

その異文化は交流しているのか反発反目しているのか。傍観者には楽しいはずだ青森県。何も思わずに津軽に生きた私には……紙幅が無い。

伊奈かっぺい

目次

オキテ1 地元の漁師たちが「青森」の名づけ親 6
オキテ2 青森人の人生いろいろ、青森3地方6地域40市町村いろいろ 8
オキテ3 津軽vs.南部、同じ青森人でも初対面の時にまずは出身地を確認すべし！ 10
オキテ4 青森人は4つの海から獲れる旬の味覚を楽しむべし！ 12
オキテ5 地吹雪なんて体験しに行かなくても、普通に体験できる 14
オキテ6 日本一をさらっと自慢する青森人 16
オキテ7 食材は干して食べるべし！ 18
オキテ8 昔から変わらない青森人の生活ぶりは、三内丸山遺跡にそのルーツがあると知るべし！ 20
オキテ9 青森人は白神山地が世界遺産に登録されたことを誇りに思う 22
オキテ10 個性派がズラリ、古今の青森人を応援すべし！ 24
オキテ11 「ねぶた」と「ねぷた」を間違えるべからず！ 26
オキテ12 遠方からの客人を案内する時、最初と最後に「アスパム」に連れて行くべし！ 28
オキテ13 卵は自動販売機で買うべし！ 30
オキテ14 暗黙の了解「南部の一つ残し」を守るべし！ 32
オキテ15 スコップを三味線にするべし！ 34
オキテ16 日曜日でも早起きして朝市に行くべし！ 36
オキテ17 芸術に感動したければ、春夏秋限定の駅「田んぼアート駅」に行くべし！ 38
オキテ18 自宅のお風呂より近くの銭湯に行くべし！ 40
オキテ19 津軽鉄道のストーブ列車は、旅行客が楽しむ姿を見て地元の人は楽しむ 42
オキテ20 伝統武術「流鏑馬」は女流騎手で行うべし！ 44
オキテ21 パスポートいらずの海外旅行を楽しむべし！ 46
オキテ22 津軽の花見は「花よりガサエビ」「花よりガニ」 48
オキテ23 しじみ汁には必ずジャガイモを入れるべし！ 50
オキテ24 買い物や病院は海を渡って北海道・函館市へ行くべし！ 52
オキテ25 津軽人は、津軽が青森一の積雪量であることを誇りに思う？ 54
オキテ26 老若男女みな「ほっかむり」をすべし！ 56
オキテ27 「川口あんぱん」は「あんぱん」にあらず。その正体は上品和菓子と心得るべし！ 58
オキテ28 亡くなったら「仏ヶ浦」を通ってあの世へと旅立つと信じるべし！ 60
オキテ29 津軽人は「いのち」を定番のお土産にしている!! 62
オキテ30 寒立馬の姿に自分たちを重ねて厳しい冬に耐えるべし！ 64
オキテ31 御山・岩木山は津軽人魂のよりどころ 66
オキテ32 「利きリンゴ」で品種をあてるべし！ 68
オキテ33 節分では、豆まきは落花生、かけ声は「福は内、鬼も内！」というべし！ 70

オキテ34 青森人は、どこにいても餅や団子をよく食べる 72
オキテ35 青森では、「しあさって（明々後日）」と「やなさって（弥の明後日）」が混沌としている 74
オキテ36 年越しやお正月には、紅白対決の「子あえ」が定番料理 76
オキテ37 全国で唯一、車が通れない階段の道が国道に指定されている!! 78
オキテ38 青森人はスイーツ感覚で赤飯を食べる 80
オキテ39 つがる市は、駅舎をはじめ街は「しゃこちゃん」だらけ 82
オキテ40 おでんには、生姜味噌と白いコンニャクを入れるべし！ 84
オキテ41 つがる市で発見された埋没林は世界最大規模で、地球の宝物と思うべし！ 86
オキテ42 「八戸せんべい汁」で客人をもてなすべし！ 88
オキテ43 十和田湖乙女の像には「都市伝説」がささやかれている 90
オキテ44 小正月には「けの汁」を大量に作り置きして主婦の手間を省くべし！ 92
オキテ45 じつは「青森弁」はない。そして「津軽弁の日」がある 94
オキテ46 青森人は、青森は「汁物パラダイス」の地であることを自認するべし！ 96
オキテ47 会話中に「〜きゃ」だの「〜びょん」だの特徴的な語尾も頻出する津軽人 98
オキテ48 そばのかけらで作る郷土料理「そばかっけ」は、ネギ味噌をつけて食べるべし！ 100
オキテ49 津軽の早口言葉は素敵な教えを説く！ 102
オキテ50 みんなでざっくばらんに盛り上がりたい時は、「じゃっぱ汁」を食べるべし！ 104
オキテ51 津軽の駄菓子「大王いも」と南部八戸の伝統「壺焼きいも」が好き!! 106
オキテ52 青森人のソウルフードは「ホタテ貝焼き味噌」 108
オキテ53 海が4つもある青森だからこそ、海の幸のブランド商品「七子八珍」あり！ 110
オキテ54 イカ刺しは、秋・冬限定で「わた醤油」で食べるべし！ 112
オキテ55 津軽人はねぷたに命をかけていた！ 114
オキテ56 「ウニ丼」といえば卵とじであることを心すべし！ 115
オキテ57 じょっぱり太鼓は津軽人の気質を物語る！ 116
オキテ58 青森人はみんな、「しらうお」と「しろうお」の違いを知っている 117
オキテ59 漁師の厄介者だった「フジツボ」が今では高級食材 118
オキテ60 津軽人の「えふりこぎ」！ 119
オキテ61 津軽弁は大学でも教えている！ 120
オキテ62 「めしー！」「しるー！」と一晩中絶叫しながら食べ続けるべし！ 121
オキテ63 太宰治ファンは斜陽館に行くべし！ 122
オキテ64 屋外のバーベキューは、専用の広場ではなく公園の適当な場所でやるべし！ 123
オキテ65 日常的な人気食品が、実はその地域にしかないローカル食品であることに驚かざるべし！ 124
オキテ66 青森人にとってパンといえば「イギリストースト」しかありえない 125
オキテ67 冷蔵庫には、調味料「源たれ」を常備するべし！ 126

オキテ68 夏は、神出鬼没の「チリンチリンアイス」を見かけたら迷わず買うべし！ 127
オキテ69 「ざる中華はじめました」で、青森の夏の到来を感じるべし！ 128
オキテ70 弘前でオペラを楽しむべし！ 129
オキテ71 「すっかど〜」、「〜はんで」が会話中に頻出する津軽人 130
オキテ72 県内唯一の国立大学、弘前大学は津軽人の意地の表れ 131
オキテ73 もはやおかずの定番、バリエーション豊かな「大湊海軍コロッケ」を食べ比べるべし！ 132
オキテ74 津軽人悲願の「新青森駅」に東北新幹線開通！ 133
オキテ75 風情ある「マテ小屋」の光景を復元し、古式漁法を守り伝えるべし！ 134
オキテ76 ロマンチックな雰囲気にひたりたければ「夜のアゲハチョウ」を鑑賞するべし！ 135
オキテ77 地元津軽人でさえ、何をいっているのか分からない津軽弁もある 136
オキテ78 有名な鳥取砂丘をはるかに超える規模の砂丘が青森にある!! 137
オキテ79 風間浦村の人々は、下風呂温泉と井上靖文学とイカレースが自慢!! 138
オキテ80 マグロで有名なのは大間町だが、その漁獲量県内ナンバー1は深浦町であることを知るべし！ 139
オキテ81 青森市は独特濃厚ラーメンワールドである 140
オキテ82 青森人がよく使う言葉「かちゃくちゃない」は微妙なニュアンスの意味を持つ 141
オキテ83 「弘前のさくら」は津軽人の自慢の一つ 142
オキテ84 4にこだわったプチ自由の女神「ももちゃん」がおいらせ町で立ち尽くす 143
オキテ85 キリストの墓があるなんて、青森人はキリストの末裔かも!? 144
オキテ86 津軽人は「かきくけこ」と言って客人をもてなす!? 145
オキテ87 青森にはその昔「ピラミッド」が本当に存在した!? 146
オキテ88 津軽人は疑いもなく津軽弁を標準語と思っている 147
オキテ89 噂の梵珠山で謎の火の玉を見るべし！ 148
オキテ90 恐山にてプチ「あの世」を体感するべし！ 149
オキテ91 津軽では「ありがたい」ときは「迷惑だな」と言うべし！ 150
オキテ92 お盆には、送り火として盛大に花火をして大いに賑わうべし！ 151
オキテ94 青森にも残る「義経北行伝説」、今も義経はファンの心に生き続けている 152
オキテ94 青森はかつて日本の中心地だった？ いにしえから伝わる「日本中央の碑」 153
オキテ95 青森人は、「私」「あなた」を「わ」「が」でいう!? 154
オキテ96 懐中電灯は「でんち」、乾電池は「すみ」 155
オキテ97 「わいはー!」「ろー」「じゃいやいや」「じゃじゃじゃ」バリエーションありすぎの驚きの言葉に驚くべし！ 156
オキテ98 「ごんぼほり」とはいわれない人になるべし！ 157
オキテ99 青森人に「わがね！」「まいね！」といわれたら、直ちに諦めるべし！ 158
オキテ100 青森人は、「タツ」や「キク」などと地域によって呼び方が違う食材が大好きである 159

1

地元の漁師たちが「青森」の名づけ親

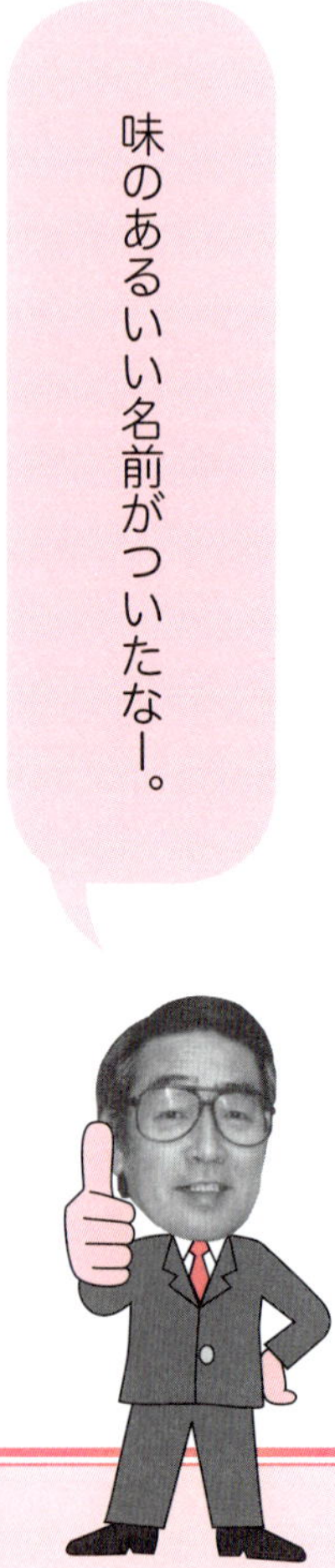

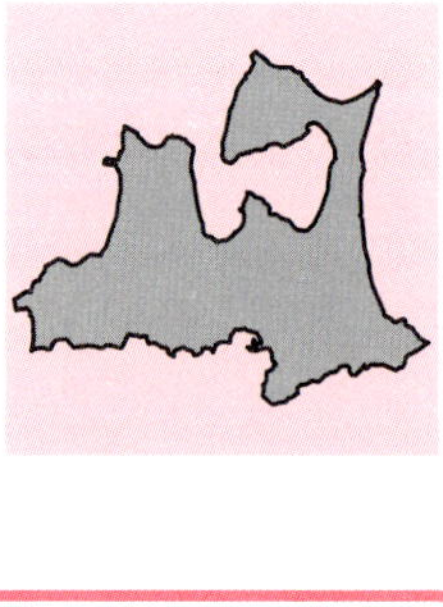

一等最初に地名にまつわるオキテ。というか、青森人ならこれからでも知っておきたいキホンからあえてスタートしたい。

青森に伝わる昔話によると、藩政時代の初め頃、現在の青森市の港のあたりに**松が青々と生い茂る小高い森があって、入ってくる漁船の目印になっていた**という。漁師たちはその森を「青森」と呼んだ。

やがてこの地を「青森村」としたのは、津軽藩二代目藩主・津軽信牧《つがるのぶひら》。1624年に藩港を開く際、**漁師たちの呼び方を採用した**のだ。だから、現在の「青森」の名づけ親は、地元の漁師たち、庶民ということになる。

当時のお殿様もなかなか粋なことをしてくれたものである。

さて、青森村はやがて青森市になる。そして青森市の名はそのまま県名として制定される。明治4年9月、七戸県・八戸県・斗南県・黒石県・北海道館県（松前藩）が合併され「弘前県」になった時、県庁を弘前に置くと交通も不便で、連絡もつきづらいという議論がなされた。それではと地域で一番大きな港を持ち、陸奥や北海道への海運の便もよい**青森市に県庁を移すことになった**のだという。そこで県名も青森県に改称された。

遠い昔、「青森」と呼び始めた漁師さんたちも、今こうして県名になっているとは、よもや思ってもみないことだろう。

オキテ 2

青森人の人生いろいろ、青森3地方6地域40市町村いろいろ

それぞれあっていい人生、
いい土地柄なんです。

青森には「津軽」「南部」「下北」の**3つの地方があり、さらに6つの地域に分類される。**

「津軽」は陸奥湾に面した〈東青地域〉、日本海に面した〈西北地域〉、弘前市を中心とした〈中南地域〉に分けられ、〈東青地域〉には、青森市・平内町・蓬田村・外ヶ浜町・今別町が、〈西北地域〉には、五所川原市・つがる市・鶴田町・板柳町・深浦町・鰺ヶ沢町・中泊町が、そして〈中南地域〉には、弘前市・黒石市・平川市・大鰐町・藤崎町・田舎館村・西目屋村がある。

「南部」は八戸市から岩手県境の〈三八地域〉と八戸以北で下北半島の付け根までの〈上北地域〉に分類され、〈三八地域〉には、八戸市・階上町・五戸町・南部町・三戸町・田子町・新郷村があり、〈上北地域〉には、十和田市・三沢市・六戸町・おいらせ町・七戸町・東北町・野辺地町・横浜町・六ヶ所村がある。

そして、下北半島のマサカリ型の部分がいわゆる「下北」となり、むつ市・大間町・東通村・風間浦村・佐井村が属している。**気候風土が異なる市町村が、本州最北の地に実に40もある**のだ。

だからこそ、青森とひとくちにいっても、まったく違った歴史や文化、風習がそれぞれの地方に根づいていて、それによって「津軽」「南部」「下北」の人たちは**それぞれに暮らしぶりも異なる**というわけである。

オキテ 3

津軽vs.南部、同じ青森人でも初対面の時にまずは出身地を確認すべし！

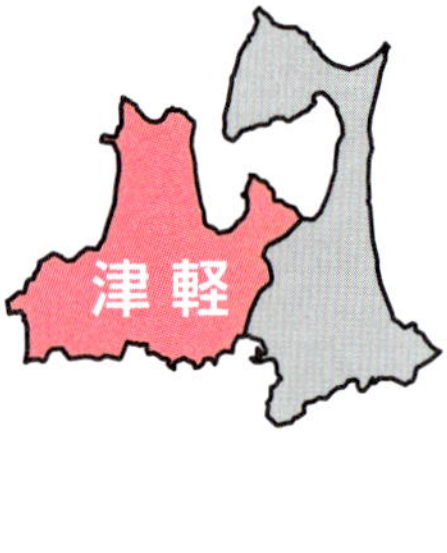
津軽

南部と津軽は100年ほど前は別の国だった。

出身地、あるいは住んでいる場所が「津軽」か「南部」か、これは重大である。歴史をさかのぼると、お互いに意識しあってきた歴史があるからだ。

南部藩と津軽藩は、100年ほど前まで別の国だった。おのずと文化や言葉や風習がまったく異なっていた。津軽藩は元を辿れば南部藩と同一だったのだが、分離独立している。これを南部藩側から見ると津軽藩は裏切り者となる。津軽藩側には独立するにはそれなりの理由がある。だが、こうした関係でも知らず知らず恋もする。そうやって**津軽人と南部人の間に生まれた子を青森では「ハーフ」という**。

青森市が県庁所在地になったのは、立地的利便性からだということは最初のオキテで書いたが、当時、県庁所在地を弘前と八戸が争っていて決着がつかなかったから、それで妥協して間にある青森市を県庁所在地にしたという説もある。真実かどうかというより、津軽vs.南部のネタ的エピソードとして面白い話だ。

そんな経緯があるせいか、**八戸では八戸市役所ではなく「八戸市庁」と呼ぶ**。県庁に対抗しているのかもしれない。実際人口24万人都市として栄えている八戸市だが、その八戸市を中心にした三八上北地方（三沢市や十和田市）の旧南部藩領では、今も独自の文化圏を持ち、青森県下で唯一、同じ南部藩の「岩手めんこいテレビ」が受信できるエリアとなっている。

青森人は4つの海から獲れる旬の味覚を楽しむべし！

4つも海がありますから、塩分の摂り過ぎにも注意しなくちゃ。

むつ湾フェリー

青森県には**2つの代表的な半島がある**。地図を広げた時、向かって左に竜飛崎や十三湖がある津軽半島が、そして向かって右側に下北半島がある。下北半島には霊場恐山や尻屋崎があり、最北の大間町はマグロの一本釣りで知られる。この2つの半島を移動しようとすると、**同じ県内なのに時間距離は実は遠い**。2つの半島の間に陸奥湾があるからだ。

電車や路線バスだと湾岸に沿っての移動となるので、急ぎの場合は津軽半島の外ヶ浜町蟹田から下北半島の脇野沢町を結ぶ「むつ湾フェリー」を使うのがベター。陸奥湾に沿って移動すると4時間はかかるところを1時間で行けてしまうのだ。また、青森市（駅から徒歩10分の埠頭）と下北半島南端の脇野沢を1時間で、脇野沢からさらに1時間25分で佐井村を結ぶ定期航路「シィライン」も運航されている。

この独特な地形を持つ青森県には、独特さゆえの恩恵もある。太平洋、日本海、陸奥湾、津軽海峡。特色の異なる海が4つあり、それだけ**多種多様な海産物を得られる**。青森県内の魚介類を熟知するベテランの魚屋さんいわく、「4つも海があるということは、天候によって不漁でも、別な海からの水揚げは期待できる。これは有利で、美味しいものが豊富」と。四季折々、旬の味覚が楽しめる理由はここにある。

オキテ 5

地吹雪なんて体験しに行かなくても、普通に体験できる

だから、わざわざ体験することもないって。寒いよ。

青森人にとって**冬の目覚まし時計は、除雪車の振動と騒音**である。それどころか除雪車の夜は寝不足がちになる。話だけ聞くと、ありがた迷惑であるが、夜を徹して除雪に勤しむ人たちがいて、むしろ感謝だ。

津軽地方を中心にして「地吹雪体験ツアー」なるものがあるが、それに参加するのはもちろん県外の人。地元の人たちは「地吹雪なんて体験しに行かなくても、普通にそこらで体験できるべ」という。かつて豪雪地帯の津軽では子どもの送り迎えをソリに乗せて引っぱっていた情感ある風景が見られたものだ。

青森のほとんどの家は、寒さと雪対策のために玄関が二重構造になっていて、風除室というものがある。コンビニの扉もすべて二重になっている。風も避けるし、体に積もった雪も払い落とさなければ屋内に入れない。それぐらい降るのだ。

雪の量がとんでもなく多い青森では、**交通標識も雪国仕様**になっている。積もった雪と地吹雪で、道路と歩道などの境界線が見えなくなるために「ここが境ですよ」と縦に矢印の標識が連なっている。

豪雪との人々の暮らしについての話の最後は、雪国人のプライド。ズバリ、**雪の日に傘はささない**。学生諸君の中には上着すら着ていない猛者もいたりする。寒くないというわけではなく、我慢しているだけ。その証拠に鼻水が凍っていたりする。

オキテ 6

日本一をさらっと自慢する青森人

実は青森にも
日本一は多くありますよ。

「地味だけど」といいつつ「おらが町の日本一」に胸を張る青森人は奥ゆかしい。

深浦町の**日本一の大イチョウ。樹齢1000年以上**と伝えられ、高さ31メートル、幹の周りが22メートル。気根（木の幹や枝から出る根）が垂れ下がる姿が乳房を連想させ「垂乳根《たらちね》のイチョウ」とよばれ、ご神木として地域の人たちから大事にされてきた。

鶴田町には、**日本一長い木の三連太鼓橋「鶴の舞橋」**がある。津軽富士見湖にかかるこの橋は、鶴が優雅に舞う姿を表しており、長さは300メートル、幅3メートルのヒバ造りの橋だ。三連太鼓橋の1つのアーチの長さが100メートルというのは直接目にすると笑ってしまうほど大きい。ちなみに、太鼓橋とは、太鼓のように半円形に反った橋のこと。

青森は自他ともに認めるりんご王国。りんごの収穫量は、全国の半分以上（約56・1パーセント）を占めて日本一。県南の田子町は、にんにく産地として知られるが、収穫量の面でいうと同じ青森県内の十和田市が最大。全国の68パーセントを占める収穫がある。ごぼうの収穫量は、全国の約32・7パーセント、フサスグリ（カシス）の収穫量は、約94・9パーセントでほぼ独占状態。さらに天然ヒバの蓄積量、ヒラメの漁獲量は約17・4パーセントで日本一に輝く。

青森には世界一も。本州と北海道をむすぶ**青函トンネルが、53・85キロメートルと世界最長の海底トンネル**だ。

食材は干して食べるべし！

昔からより美味しく食べる方法を知っていたんですね。

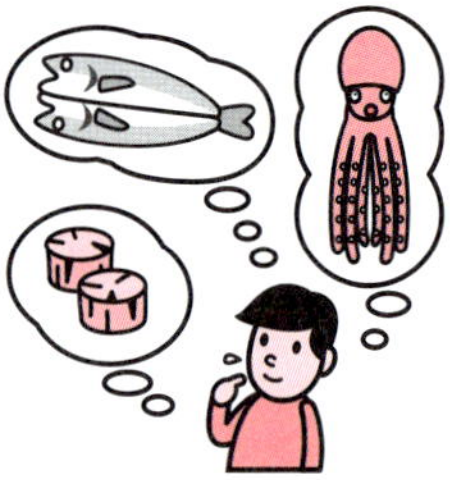

イカのカーテン

昆布を干すのは津軽半島の三厩や下北の東通村、海岸で干す風景が見られる。ホタテ貝柱の干物が名産なのは陸奥湾岸。軒先にカラフルな干し餅が吊り下げられる風景が津軽の冬の風物。**干しイカ（スルメイカ）は八戸地方の名物。**西津軽・鰺ヶ沢町の海岸沿いでイカのカーテンが風物詩ともなっている。効率よく乾燥させるため、回転乾燥機を使う店もある。その他、タコやタラ、ホッケ、ハタハタ、カレイなども干して保存する。

干物というのは、**干すことによって中の水分が減って旨味がギュッと凝縮される。**何でも干す青森の人たちは昔からより美味しく食べる方法を知っていた。とりわけ青森人の郷愁をそそる干した具材と言えば、寒干し大根。味噌の味をたっぷりと吸い込んだ寒干し大根は味噌汁の具として欠かすことができない。作り方は、獲れたての大根の皮をむき、サイズをそろえて切り、茹でた後にワラを通して10日間ほど冷水にさらし、2ヵ月半ほど寒風に当て乾かして仕上げる。半年近く、手間をかけて仕上げることにより、合わせる具の旨味を吸収しやすくする。身欠きニシンの煮つけや馬肉汁の具としてもよく合う。**大根は葉も干して、無駄なく使いきる**のが青森人。

8 昔から変わらない青森人の生活ぶりは、三内丸山遺跡にそのルーツがあると知るべし！

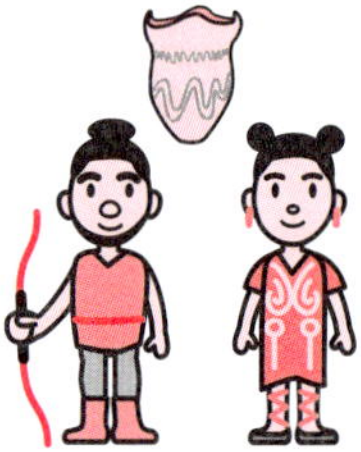

縄文人がここで集落をつくって暮らしていたんですね。

平成４年に発見された「三内丸山《さんないまるやま》遺跡《いせき》」によって、**青森が古くからの安住の地だったことが証明された**。それ以前も青森県内各地で縄文遺跡が発見されていたが、三内丸山遺跡ほど大規模な集落が見つかったことで、日本の歴史は見直しが必要となった。

それ以前は、縄文人というもの決まったところに住むことはなく、狩猟や採集をしながら移動生活をしていたと思われていた。それが**縄文人も長期間にわたり、集落を作って定住生活をしていた**ことが三内丸山遺跡によってわかったのだ。

直径およそ1メートルのクリの木の柱を6本建てて造った大型の建物をはじめとした建物跡や、たくさんの土器や石器が見つかるなど、縄文人の生活やそれに使う品々、お墓や祭りの場所、ゴミ捨て場があったことなども調査によってわかってきた。

三内丸山遺跡

発見されたものの中には、ヒョウタン、ゴボウ、マメ、クリなどを栽培していた証拠となるものもあり、さらに驚くべきことに、日本の他の地域でしか採れないヒスイや黒曜石などもあって、**活発に他地域と交易していた**こともわかっている。

それまでのイメージが変わり、青森人たちにとっては現在とそんなに大きく違わないご先祖様像が見えてきたわけだ。縄文時代や縄文人がとても身近に思える発見であった。

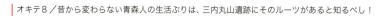

9

青森人は白神山地が世界遺産に登録されたことを誇りに思う

1993年12月にユネスコ世界遺産として登録されました。

青森県南西部から秋田県北西部にまたがる広大な山塊・白神山地。このうち東アジア最大級の規模で分布するブナの原生林が占めるエリアが、1993年12月に**ユネスコ世界遺産として登録されている。**

このブナ天然林を育む山塊には、ブナやミズナラ、サワグルミの群落などをはじめとしたじつに多種多様な植物が生育している。そしてそれら植物は動物の餌となるものも多いため、ツキノワグマ、ニホンザル、クマゲラ、イヌワシなどの**貴重な動物が非常に多い**。古くより森の恵みから糧を得ていた狩猟採集の民・マタギの文化も伝承されてきた。地元の西目屋マタギの人たちは森からの贈り物を乱獲することなく、代々大切に守り、共生して来た。

白神山地ブナの森

白神山地は、西目屋村から鰺ヶ沢町を経て、日本海側の深浦町へと抜ける白神ライン（冬期閉鎖）が結ばれている。険しい道で、林道各所には「奥赤石展望所」「天狗峠展望所」「追良瀬大橋」「白神岳展望所」といったトイレ付きの展望所が設けられ、濃厚大自然を見渡せるようになっている。「津軽峠」の展望所近くにはマザーツリーと呼ばれる、**推定樹齢400年のブナ巨木**があり、見る人たちを感動させている。自然とともに生きてきた青森人のシンボルであり、誇りとして今日もそびえている。

個性派がズラリ、古今の青森人を応援すべし！

各種の作家さんやスポーツ選手など青森出身者が大活躍してますね。

青森人で**個性的文化人と言えばまず板画家の棟方志功**が頭に浮かぶが、世界的評価の高いポップアート作家の奈良美智は弘前市出身。文豪・太宰治は金木町（現五所川原）で詩人や劇作家として活躍した寺山修司は自称・三沢人だが実は弘前出身である。消しゴム版画家のナンシー関は青森市生まれで、作家でコメンテーターの室井佑月は八戸市だ。津軽三味線の先駆・高橋竹山は中平内村（現・平内町）出身だ。ブルースの女王・淡谷のり子は青森市出身で、演歌の大御所・吉幾三も金木町生まれ。むつ市出身の人気俳優の松山ケンイチも忘れてはいけない。

青森といえば**力士も多数輩出している**。ともに弘前市出身の初代若乃花と初代貴乃花をはじめ、青森には6人の歴代横綱がいる。さらに三沢市の貴ノ浪、鰺ヶ沢町の舞の海、板柳の高見盛と人気者は多い。現役では注目の安美錦が深浦出身である。

柔道金メダリストの斉藤仁は青森市、銀メダリスト泉浩は大間町で、レスリングの伊調千春・馨のメダリスト姉妹、そしてロンドンで金を獲った小原日登美は八戸市出身である。ボクシングの世界チャンピオン、畑山隆則とレパード玉熊は青森生まれで、玉熊は青森県市民栄誉賞受賞している。プロスキーヤーの三浦雄一郎は青森生まれ、陸上の福士加代子は板柳町。そしてサッカー日本代表の柴崎岳は野辺地町の出身。そして弘前市生まれの伊奈かっぺいも含めて、今後の活躍から目が離せない。

「ねぶた」と「ねぷた」を間違えるべからず！

県外の人たちにも違いがわかって欲しい！

青森ねぶた

「ねぶた」と「ねぷた」。**「ぶ」と「ぷ」の違いだけなのに津軽では大きな違いがある。**間違っても「ぶ」を「ぷ」と、逆に「ぷ」を「ぶ」と、決して言ってはいけない。間違って言われたりすると、言われた側は途端にぶちギレるのである。プライドをもって取り組んでいるからこそのことなのだ。

「ねぶた」は青森市、「ねぷた」は弘前市。弘前の隣の黒石市も「ねぷた」だ。青森市と弘前市の間にある五所川原市は「立佞武多」だが読み方は「たちねぷた」である。形も違い、「ねぶた」が平面ではなく立体的な人形型なのに対して、「ねぷた」は扇型で、鏡絵と見送り絵（正面と裏面）に絵が描かれる。「立佞武多」もまた異なり、「ねぷた」とは言うものの立体的な人形型で、20メートルを超える高さである。祭りの掛け声も、「ねぶた」は「ラッセラー、ラッセラー」で、「ねぷた」は「ヤーヤドー、ヤーヤドー」「立佞武多」は「やってまれ、やってまれ」だ。一般的に「ねぶた」は戦勝の祭りで、「ねぷた」は戦への出陣の祭りといわれるが、どちらも農作業の眠気を追い払う行事という民俗学的な説がある。**津軽の短い夏を彩る盛大で勇壮な祭り**なのである。まだ8月上旬なのに「今年も終わった」と言って燃え尽きるのも津軽人たちはみんな一緒だ。

遠方からの客人を案内する時、最初と最後に「アスパム」に連れて行くべし！

青森県観光物産館アスパム

青森市の**陸奥湾に面した場所に建つ巨大な三角形の建物**、それが公益社団法人青森県観光連盟が管理運営する「青森県観光物産館アスパム」である。県の産業や観光物産、郷土芸能などを総合的に紹介。いわば「青森県の顔」といえる。2階の「市町村ホール」には、青森県内の市町村に関する映像紹介と県内温泉地紹介コーナー、そして世界遺産白神山地の写真パネル展示など。また同じ2階の「青い森ホール」では、白神山地や弘前公園での日本一の桜まつり、十和田湖・奥入瀬渓流や下北半島、青森ねぶた祭りや五所川原立佞武多など、**県内全40市町村の見所を紹介する青森県の観光パノラマ映画**が上映され、青森旅の情報収集に最適だ。同1階では、青森の青森県産品類を扱い、青森県地場セレクト、アスパム物産、JF青森漁連、アスパム直販店、JA全農あおもり、あおもり北彩館、南部琥珀、Sweets Factory pampamが入店して多種多様なお土産を買うことができる。他階では、青森の味覚を堪能できるレストランや食事処も。

青森人は、遠方からの客人を、**旅の最初と最後に「アスパム」に案内し、青森旅の予習・復習をさせる**のが満足度が高まることを知っているのだ。

卵は自動販売機で買うべし！

黒石市では、
卵を買いたいと思ったら、
「卵の自動販売機」が定番。

自動販売機の良さは適温に保たれ、いつも新鮮ということ。**黒石市では「卵の自動販売機」が定番**だ。いつ、なんどきでも新鮮な卵が手に入るのである。たとえ深夜にや早朝にどうしても卵かけごはんが食べたくなっても、たとえ急に料理づくりで卵が足りなくなっても、黒石市には24時間利用できる「卵の自動販売機」があるから大丈夫！

自販機で売られている卵が一種類だけではないというのも素晴らしいことだ。一般的に殻の色は、白玉と赤玉とに分けられるのはお判りのことと思う。これは鶏の種類や遺伝的なものによるだけで、栄養価には差はないらしい。ところが自販機には「赤」「白」のほかにも、「ピンク」や「双子卵」、それにサイズ別の「大」「小」、さらには「傷あり」というように**細分化され、それぞれ値段が違う**。その日の気分で選ぶこともできるし、料理によっては傷があってもいいなんて場合もあるから、この自販機の充実度と自由自在さ加減はなかなか優れている。

この「卵の自販機」を設置しているのは有限会社つがる。ここが運営する直売所「タマゴ家」では卵を使った自家製のソフトクリーム、アイスクリーム、プリン、そして黄身まで程よい塩味が付けられた名物ゆで卵の「楽塩《らくえん》たまご」など人気商品があって、いずれも黒石市民の生活に密着している。

暗黙の了解「南部の一つ残し」を守るべし！

ちなみに津軽でもひとつ残ると
「津軽衆だねな」などと言う。

例えばたこ焼き、例えばギョウザ……。みんなで分け合って料理を食べる時、必ず最後の一つが残るのが南部にありがちな光景だ。

これは**「残る」というより「あえて残している」**のだ。これぞ「南部の一つ残し」。「一つ残り」ではない。

みんなで同じ物を食べて行った時、最後の一つには誰も手をつけようとしない。本当は**食べたくても手をつけない**のである。

どうしてそんな習慣があるかといえば、昔々の飢饉の時に他人と食べ物を分け合った名残りであるとか、出された物を一つ残すことで十分にもてなされたことを相手に伝える手段であったとか、ただ単に遠慮がちな小心者が多い田舎気質であるとかの説がある。

しかしこれ、実は「津軽」を意識しての見解が隠されているのではないかとも言われている。つまりライバルである「津軽」に対して**「南部は一つのこせるくらい余裕がある」と豊かさをアピールしていた**というのだ。

もちろん本音では、自分が最後で終わりたくない、最後の一つを食べられてしまったと責められたくないという予防線という意味もあったかもしれない。

奥ゆかしくもあり、妙な気遣いと見栄が生み出した「ローカルことわざ」なのである。

スコップを三味線にするべし！

「スコップ三味線世界大会」は
毎年盛り上がっている！

津軽は三味線のふるさと。激しく叩くようにして弾く津軽三味線の音色や響きに荒れる風雪の光景を思い浮かべる人も多いだろう。そんな津軽独自の文化に「スコップ三味線」なるものが加わっていることをご存知だろうか。

音楽に合わせ、津軽三味線の真似をして**スコップと栓抜きで演奏の「あてぶり」をする**のである。津軽三味線の叩きつける音とスコップを叩く音がマッチし、本当に弾いているかのような感覚が会場を包むのだ。

本物の三味線が弾けなくとも誰でも実演することができるが、**本当に弾いているように見せるには熟練のワザが必要**である。

1985年頃、五所川原市在住の三味線奏者・館岡屏風山氏が考案した「スコップ三味線」。当時ヒットしていた平川市出身の岸千恵子の『千恵っこよされ』に合わせて、たまたまそこにあったスコップと栓抜きで津軽三味線の弾き真似をしたのが始まりだといわれる。以降、誰でも真似できる手軽さから忘年会などの出し物で取り上げられるようになって広まって行き、テレビでも取り上げられるようなった。

2007年12月からは**「スコップ三味線世界大会」が五所川原市で開催されている**。

それにしても栓抜きはさておき、スコップが偶然にもそこにあったなんて、さすがは雪国津軽である。生まれるべくして生まれた必然の新文化なのだ。

日曜日でも早起きして朝市に行くべし！

朝市
おなべ
やさい

朝市は活気があっていいいね。
休日だからといって
寝ている場合じゃない。

八戸中心街には三日町、八日町などの地名が残る。古くから**市日や朝市などで賑わっていた名残**だ。現在も市内各地で朝市が開催され、たくさんの市民が訪れる。日の出前から魚や野菜などを行商するお母さんたちの威勢いい掛け声が響き渡り、客との会話も弾む。

八戸の朝市のうち、日曜は4か所で開催している。「湊山手通り朝市」は3月中旬から12月の毎週日曜、日の出から午前8時に約60店が出店。4月から11月の毎週日曜には午前5時から6時半に14店が出店し「八戸駅前朝市」が行われ、午前5時から8時に約10店が出店して「三八城山日曜朝市」が賑やかに市が開かれている。

そのうち**一番人気なのが「館鼻岸壁朝市」**だ。3月15日から12月下旬の毎週日曜日、日の出から午前9時頃まで約350店が岸壁を会場にして行われる。同市内をはじめ津軽地方や岩手県から、旬の食材や地産品が並ぶ。中にはワールドワイドな食が楽しめる屋台も多い。青森県南や岩手県北の郷土料理をはじめ、アメリカ、インド、中国、韓国の料理、さらに自家焙煎のこだわりコーヒーの屋台も。野菜の種から骨董品、民芸品、おみやげ、そして**中古車もある朝市会場は他にはないはず**だ。日曜朝市が大好きな八戸市民は、日曜朝市循環バス「ワンコインバス・いさば号」を利用して来場する。

館鼻岸壁朝市

オキテ 17

芸術に感動したければ、春夏秋限定の駅「田んぼアート駅」に行ぐべし！

田んぼアートは
実に壮観で感動的！

田んぼアート駅

南津軽郡田舎館村には「田んぼアート駅」という駅がある。なんという斬新な駅名だろうと驚く観光客は多い。ここは弘南鉄道弘南線の駅であるが、12月1日から3月31日までの冬期間は列車が停車しないため利用できない。逆に4月から11月までの期間、この駅は、ある目的のために下車する人たちで溢れている。すでにおわかりだろうが駅名が示す通り、駅からすぐの場所に**「田んぼアート」があり、その見物客が後を絶たない**というわけなのだ。田植えから稲刈りまでの期間、そこに色の異なる稲を絵具代わりにして巨大な絵が描かれるのだ。そのアート作品を見下ろせるようになっている駅というわけだ。

この田んぼアートは展望台から眺めた時に歪んで見えないように、設計段階から遠近法を使って描かれる。そんな緻密さと芸術性の高さは**海外メディアにも注目されている**。

6月上旬には田植え体験ツアーを行い、昔ながらの手作業による田植えを希望者が体験でき、また9月下旬の稲刈り体験ツアーも開催している。眺めるだけでなく参加型イベントもこの駅を拠点にして行われている。

ちなみに駅から見渡す田んぼにも驚かされるが、その**アートの横の池が、なんと巨大な世界地図になっている**のにもっと驚かされるので、こちらも見逃さないように。

オキテ 18

自宅のお風呂より近くの銭湯に行くべし！

気軽に温泉のハシゴができるんだから、温泉好きにはたまらない。

三沢市の銭湯はすべてが天然温泉。自宅で風呂に入るより近くの銭湯に行く。いずれも良質の温泉を使った公衆浴場となっている。お気に入りに通いながらたまには他の温泉銭湯を楽しむこともでき、**気軽に温泉のハシゴができてしまう**。

「古牧元湯」は、数々の有名ホテルを経営する星野リゾートが運営する共同浴場。モダンなリゾートイメージとはひと味違った古びた印象の共同浴場で入浴料金は300円。「あおば温泉」は、米軍三沢基地に近い花園町にある。規模が大きい温泉銭湯であり、有名な「釜風呂」があるほか、バラエティに富んだ浴槽も人気。ゆったり湯浴みが楽しめる。「平畑温泉」は、米軍三沢基地に面した岡三沢町の銭湯。規模は比較的大きく、脱衣室も広い。浴室に入ると、大浴槽、掛け流し風呂、電気風呂と浴槽が並び、突き当たりガラス窓の外に露天風呂まである。他にも打たせ湯、サウナ等がある。

岡三沢町の住宅街にある「桂温泉」はヒバ風呂と身体がしっとりするアルカリ性単純温泉が特徴だ。「岡三沢温泉」は、裏ゲート通りと市役所通りの交差点にある公衆浴場。温泉旅館や中華料理店も経営している。郷愁そそる昭和の佇まいが残り、いかにも銭湯という姿は親しみを感じる。「木崎野温泉」は、まるで体育館か屋内プール施設のような大きさの施設となっていて、内部は広く天井も高い。とにかく広い温泉銭湯ならここ。

こんな具合だから三沢市民は**一般的な町の銭湯というものでは物足りなさを感じている。**

津軽鉄道のストーブ列車は、旅行客が楽しむ姿を見て地元の人は楽しむ

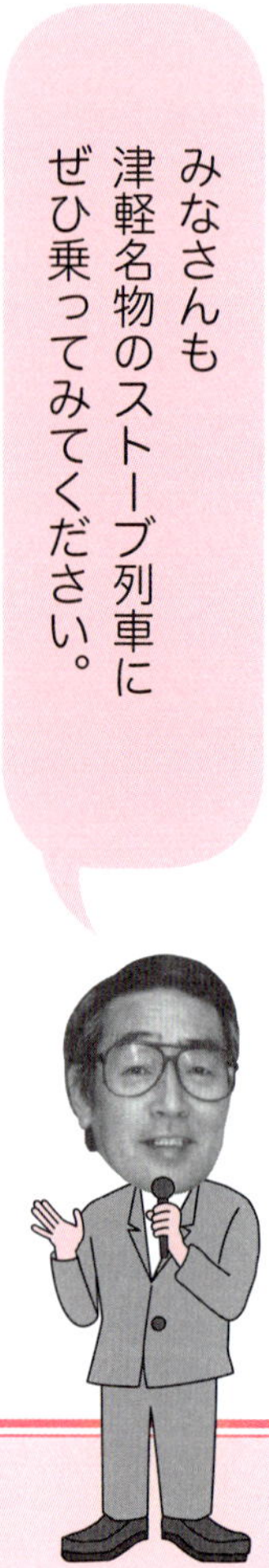
みなさんも
津軽名物のストーブ列車に
ぜひ乗ってみてください。

津軽半島の五所川原市・津軽五所川原駅から津軽中里駅までを結ぶ20・7キロが「津軽鉄道」である。地元で親しまれている通称・津鉄《つてつ》は、昭和3（1928）年から地元農協や沿線住民が株主となって運営されてきた老舗のローカル鉄道だ。

列車の運行は1日に18往復。冬ともなれば、このうち2往復がストーブ列車として人気を呼ぶことで知られる。ストーブ列車とは座席の一部を撤去し、そこに**石炭だるまストーブ2台を設置している列車**のこと。ストーブからは煙突が屋根に向かって伸びている。石炭の補充は車掌さんの仕事だ。

このストーブで**スルメを焼く人がいたり、それをツマミに缶ビールやカップ酒を楽しむ**人もいて、そうした風景すべてがこの冬の風物・ストーブ列車の風情となっている。ほとんどが旅行客ばかり。ストーブ列車といえども地域の交通の足として使っている地元の人は、そんな様子を楽しげに見ていることはあっても、自らやっていないというのが実状だ。

ストーブ列車

この名物のストーブ列車は、12月1日から3月31日の運行期間のほか、1999年からは毎年8月の**五所川原立佞武多の時期に「真夏のストーブ列車」としても運行**されている。

オキテ 20

伝統武術「流鏑馬」は女流騎手で行うべし！

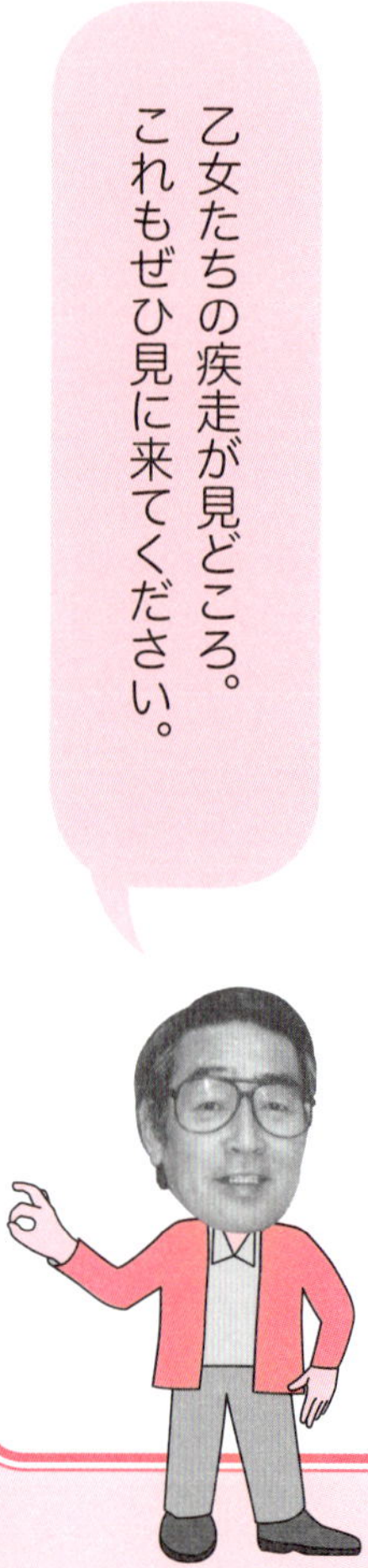
乙女たちの疾走が見どころ。
これもぜひ見に来てください。

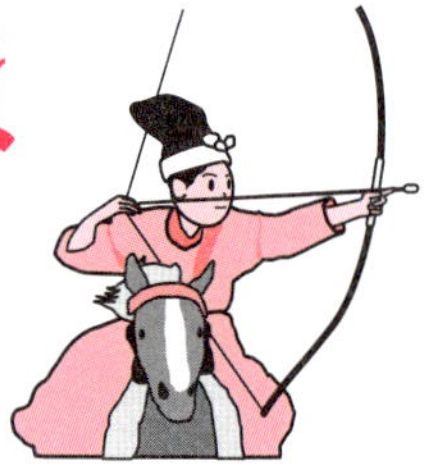

「日本の道 百選」「新 日本百景」の十和田市の「駒街道」は、毎年ゴールデンウイーク前後にようやく桜並木が満開になり、街道に面する緑地公園は花見客で賑わいを見せ、勇壮で華麗な伝統武術「桜流鏑馬」だ。馬が駆け抜ける鉄砲馬場（流鏑馬の走路）は満開の桜並木の下。そして、**馬を駆るのは全て女流騎士**である。こんな華麗なる流鏑馬が見られるところは他にないだろう。

日本各地で行われている流鏑馬は奉納神事のため、通常女性が行うことは適わない。しかし、競技として流鏑馬を愛好する女性は多いのが現実。この「桜流鏑馬」は女性限定の大会として開催され、乙女たちの疾走が見どころの可憐な祭典なのだ。

注目ポイントは、まず第一に「華麗な衣装」である。桜流鏑馬に出場する選手たちの衣装はすべて、十和田乗馬倶楽部で製作している。選手の要望を聞きながら、和の要素を残しつつ、デザインされた一点ものだ。第二の注目は「見逃せない臨場感」。およそ100メートルの走路に3つ設置された的を狙い、3箇所連続で騎射する。100メートルを10～13秒ほどで駈け抜けるので、一瞬たりとも見逃せない。第三の見どころは「日本の馬が日本の伝統を演じる美学」。意外にも日本原産の馬（和種馬）で流鏑馬を行っているところは多くない。しかし、この「桜流鏑馬」には、**かつてこの地を駈け巡っていた「南部駒」の末裔たちが登場**する。さすが馬産地の歴史を刻んで来た土地ならではなのである。

オキテ 21

パスポートいらずの海外旅行を楽しむべし！

三沢市には米軍基地がある。米軍基地がある町は全国にあるが、その中でも日米交流が盛んことは有名なのが三沢なのだ。**三沢独特の交流の場としてオススメなのが通称「アメリカンバー」**だ。本格的なクラブＤＪが聴ける店、サーフィンやスノーボードなどの横ノリ系をテーマにしている店、若い世代が入りやすい店、アメリカと日本の融合をテーマにしている店、女性一人でも気軽に来れる気軽さと開放感に満ちた店、貸スタジオとしても営業する音楽が溢れる店、ハワイへ来たような異空間の店、カラフルなペイントとお洒落な絵が店内を飾るなど、市内にはそれぞれ個性的なアメリカンバーがあって、そのどこも本格的な異国情緒に触れることができる。それはまさに**パスポートのいらない海外旅行**と言える。観光客やビジネス客にも三沢ならではのアメリカンな雰囲気を楽しんでもらうため、三沢市では「アメリカンバーツアーチケット」を販売している。価格は三枚綴りで１７００円。ツアー参加店のお店で購入できる。

さて、アメリカンバーでは英語を話さなければいけないのだろうか、なんて心配する向きもあるだろう。話をするのは楽しそうだけど自分にはちょっと無理かな、なんていう不安はいらない。**馴染みのある日本的居酒屋感覚で入ってまったく問題なし**。日本語も通じるので店内では気の合う仲間たちと盛り上がるも良し、一人ゆったりと時間を楽しむも良しだ。そして心地の良い空間や新しい友達を見つけるのもなお良しなのである。

津軽の花見は「花よりガサエビ」「花よりガニ」

花見には「ガサエビ」や「ガニ」は欠かせないごちそうです！

ゴールデンウイーク前後にようやく桜の花が咲く津軽路。待ちに待った明るい季節の到来に人々の心は華やぎ、こぞってお花見に出かけて行く。

津軽では**お花見のことを「カンゴカイ」と言う**。どうやら「観桜会」が訛った言葉のようだ。そんなカンゴカイに持って行く津軽塗の重箱の中を覗くと、大量のシャコやカニが詰められているのが当たり前の風景だ。津軽で「ガサエビ」と呼ばれるシャコと、「ガニ」「花見ガニ」と言われるトゲクリガニが塩茹でされ、満開の桜の木の下に広げられるのである。

「ガサエビ」は子持ちが特に美味しく、先を争ってむさぼり食べる。淡泊であり、適度な歯ごたえがある。そしてコラーゲンも多く含まれるという。この時期、産卵期前のためメスは卵を抱いている。それがまたコリコリして美味い。塩茹でがほとんどだが、醤油・酒・少しの砂糖で茹でて食べる人もいる。

陸奥湾で獲れる「ガニ」は甲羅いっぱいに詰まったミソ、そしてこの花見時期にメスが持っている内子、そのどちらも甘みさえあって最高に美味い。もちろん濃厚な磯の風味の身も絶品だ。小ぶりながらその分だけ**味が凝縮されたように濃厚に美味い**のである。

爪楊枝を片手に、津軽衆は桜の花もそっちのけで「ガサエビ」や「ガニ」にむしゃぶりつく。花より団子、なんて言うが、津軽では「花よりガサエビ」「花よりガニ」なのである。

オキテ 23

しじみ汁には必ずジャガイモを入れるべし！

しじみ汁にジャガイモが入ったものは食べたことがないなあ（わたし津軽人）。

青森県で一番大きく、国内では11番目の広さの小川原湖は、淡水と海水が入り交じる汽水湖である。水産資源が多様であり豊富なことから**「宝沼」とも呼ばれてきた**。遠浅のため夏季には湖水浴客で賑わい、さらに冬季には湖面が結氷するためワカサギの穴釣りが楽しめることで知られる。

また周辺には、縄文遺跡や貝塚が多く見つかっていて、古来よりこの小川原湖とその周辺が集落を形成していた証しとなっている。

さて、この湖は全国有数の水揚量を誇るしじみの産地であるとともに、湖の周辺はジャガイモの産地となっている。そして小川原湖の漁師さんが兼業で農業も営み、ジャガイモの生産をしているというケースが多い。

小川原湖周辺、東北町あたりでは、**しじみの味噌汁にジャガイモを入れるのが定番**だが、この独特な具の組み合わせが普通になっているのは、そうした背景・理由があるためである。**昭和初期にはすでにそうやって食べていた**のだそうだ。

小川原湖がある東北町の住民の、ジャガイモ入りのしじみ汁の作り方の基本は、まずメークインを食べやすい大きさに切って茹で、そこに砂抜きをしたシジミを加える。そして白味噌を溶く。これだけ。町では、町内のさまざまな食堂、施設、道の駅、給食などでも、同様の組み合わせと作り方でジャガイモ入りのしじみの味噌汁が出されている。

買い物や病院は海を渡って北海道・函館市へ行くべし！

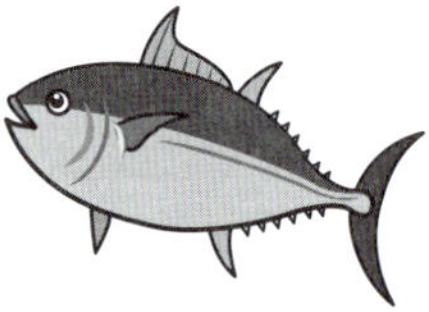

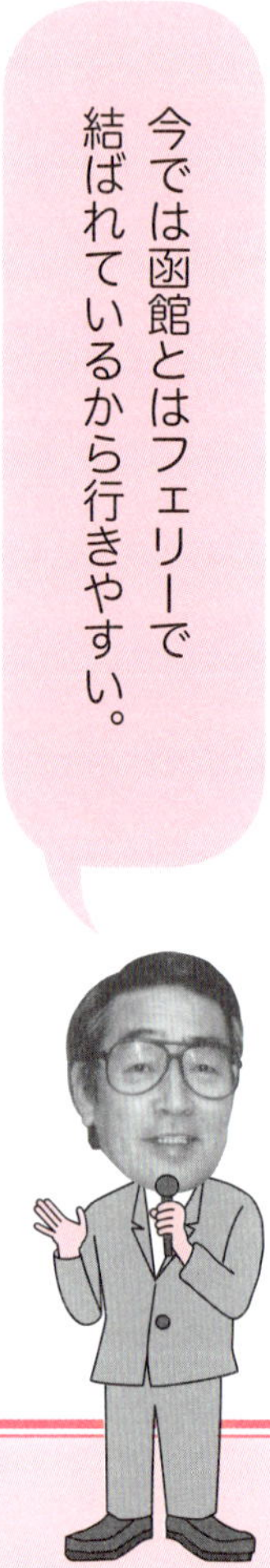
今では函館とはフェリーで結ばれているから行きやすい。

大間町は霊場恐山で有名な下北半島の最果て、北のてっぺんに位置している。目の前は太平洋と日本海をつなぐ津軽海峡。とても潮流が速い好漁場として知られている。そう、**大間町といえば大間マグロ**なのだ。さらにウニ、イカ、アワビなどがこの厳しい海峡に揉まれて成長するのである。

世界に誇る最高級ブランドになっている大間マグロを全国に知らしめたのは映画『魚影の群れ』だったが、この作品で描かれたマグロの一本釣り漁は現在さらに大きな注目を集めている。東京築地市場での**新年初セリで毎年最高値で取り引きされる**ことは有名だ。そんな超一級品が、2013年の初セリで驚愕の高値を記録したことは記憶に新しい。222キロの大間産クロマグロが1億5540万円（1キロ当たり70万円）だった。

さて、大間の人たちが買い物や病院などに行く場合、どこに行くのか。同じ下北半島のむつ市や陸奥湾沿いの野辺地町、県庁所在地の青森市に行くかというとそうではない。**大間の人たちが向かうのは北海道**である。大間町と北海道函館市戸井の汐首岬との距離はわずか17・5キロに過ぎない。大間町からは北海道の渡島連峰の山並みや、函館山も望むことができるほどに近い。もちろん間には荒々しい津軽海峡があり、かつてはそう易々と渡ることはできなかったが、今では函館とフェリーで結ばれている。そういう理由で青森県内の都市に出るより近い、北海道・函館に何かと足が向いてしまう大間人なのである。

オキテ 25

津軽人は、津軽が青森一の積雪量であることを誇りに思う？

毎年「八甲田・酸ケ湯」の積雪量が全国報道されるたび、世間は青森すべてが豪雪まみれかと思ってしまうことだろう。しかし雪国青森といっても豪雪に包まれるのは津軽が中心。**八甲田山一帯の積雪量のハンパなさは群を抜いている。** 2014年の11月から2015年1月始めまでの累積降雪量（一定期間で降った雪の合計値）を比べると、弘前が3メートル60センチ。酸ケ湯はその2倍以上の7メートル51センチで、驚くべき数字である。

青森市が全国で最も雪が多い県庁所在地となっている理由は、この八甲田山系の麓に位置していることが原因といえる。青森地方気象台によると、冷たく乾いた空気がシベリア大陸から日本海へ流れ込む。すると温かい海面から水蒸気を吸い上げ雲となり、それが標高1500メートル級の八甲田山の山脈にぶつかり、山麓の青森市が大雪になる。

これに加えて、北西から津軽半島に流れ込む風と、岩木山の南側を通り抜ける西寄りの風、その二つの風が、青森市付近でぶつかって雪雲が発達し、五所川原から青森、野辺地にかけて大雪となる。つまり、いずれにしても**津軽特有の地形が大雪を降らせる**のだ。新沼謙治の『津軽恋女』も「津軽には七つの雪が降る」と歌っているほど、津軽＝雪国の図式はゆるぎない真実なのである。

1日に何度も雪かきに追われ、冬期の生活は容易でないものの、さすが大らかな津軽人、**規格外の積雪量自体誇らしげに語る。**

老若男女みな「ほっかむり」をすべし！

風や寒さ、日焼けからからだを守る
大間町の伝統的なスタイルですね。

大間のマグロ

大間のマグロ一本釣りを追いかけるテレビ番組のを見ていると、熟練の漁師さんが**スカーフ状の被り物をしてマグロと真剣勝負**しているシーンをよく目にする。この被っているものが、いわゆる「ほっかむり」だ。

ズバリこれは**風や寒さの予防のためのもの**。厳しい気候の大間町で働き、暮らすにはこの「ほっかむり」が不可欠だった。今ではさまざまな防寒対策の衣料やグッズが手に入るが、大間ではやはりクラシックスタイルの「ほっかむり」が定番となっている。

特にも厳しい労働環境にいる漁師たちのいでたちに「ほっかむり」スタイルが多い。防寒対策であることはもちろんだが、漁師たちはイカ漁の時にイカ釣りの集魚灯（漁り火）による日焼けを防ぐためにも「ほっかむり」するのだ。

この伝統スタイルの大切さを守ろうという地元の人たちがいる。近年、若い人たちの「ほっかむり」離れが目立っているため、イベントに絡めて**「ほっかむり文化」の伝承に力を注いでいる**。地場の厳選産品を販売するサイト「下北半島行商隊」は、半島を走るJRの「リゾートあすなろ下北号」車内に「ほっかむり」をコスチュームとする行商隊を乗り込ませて車内販売を展開している。

オキテ 27

「川口あんぱん」は「あんぱん」にあらず。その正体は上品和菓子と心得るべし！

明治時代から作られてきた伝統的な「あんぱん」。ぜひご賞味ください。

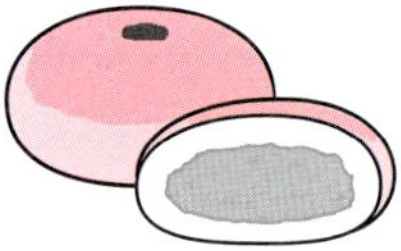

津軽で「あんぱん」と言えば、板柳町に明治13年創業した信栄堂の「川口のあんぱん」のことを言う。すでに**130年以上の歴史を持つ老舗のあんぱん**なのだ。この伝統的な味覚、あんぱんと呼んでいるとはいえ、普通のあんぱんを想像すると、ちょっと違うぞとなる。パンと言いつつ、白あんを小麦粉の生地で包んだ、とても**上品な和菓子**なのだ。

これが「パン」と呼ばれる理由には、和菓子といいつつ、生地部分がカステラなどの洋菓子に近いということ、そして、あんを包む和菓子の製法に洋菓子の生地の製法を組み合わせているということがあるようだ。明治生まれの菓子なので、あんをパン生地で包む「あんぱん」の製法が少し違った形で伝わり、オリジナル和菓子が誕生したのではないかとも言われている。

明治の文明開化の7つ道具のうちの1つとして数えられていたという「あんぱん」が、その当時、東京から約700キロも離れた津軽の地に伝えられ、今も「あんぱん」として存在しているというのはとても感慨深い。

地元では知らない人はいない「川口のあんぱん」は、時代が変わっても**進物として重宝され、独自の味を守っている**。明治の津軽に、新しもの好きな、よほど洒落者の菓子職人がいた証しを大切にしたい。

オキテ 28

亡くなったら「仏ケ浦」を通ってあの世へと旅立つと信じるべし！

ここは恐山とともに景勝地としてマスコミなどに大きく取り上げられています。

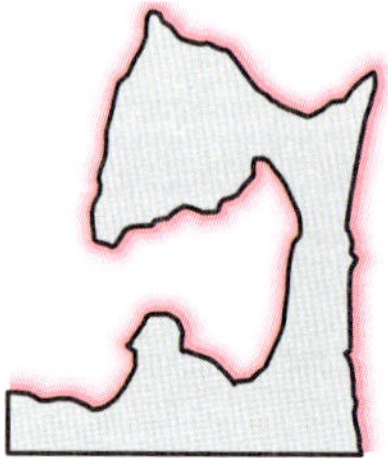

マサカリの形になぞらえられる下北半島。その刃の部分に当たる海岸線およそ2キロに渡り、**巨大な仏像を思わせる白い奇岩が連なっている**のが「仏ヶ浦」である。それぞれに「如来の首」「五百羅漢」「蓮華岩」「一ツ仏」「親子岩」「十三仏観音岩」「天竜岩」「地蔵堂」「極楽浜」などの名がついている。いずれも絶景であり、この世の極楽浄土として心静かに手を合わせずにいられない空間になっている。下北半島では、亡くなった者は仏ヶ浦を通ってあの世へと旅立つという言い伝えがあり、**地元の信仰心に欠かせない土地**なのである。昭和9（1934）年10月に青森県天然記念物に、昭和16（1941）年4月には国の天然記念物に指定。昭和43（1968）年7月22日に下北半島国定公園が設定されることになったのをきっかけに、恐山とともに景勝地として大きく取り上げられ、全国的に注目されるようになった。

仏ヶ浦に行くには、駐車場からは急な階段を片道20分ほど歩くコースがあるが、**万人向けなのは仏ヶ浦観光船でのアクセス**で、爽快な海風を受けながらのクルージングは老若男女にオススメである。佐井村および仏ヶ浦までの道路アクセスは決して良いとはいえず、海が荒れた日と冬期以外、むつ市脇野沢港を発着し、佐井村の仏ヶ浦までを往復する観光遊覧船がいい。

仏ヶ浦

津軽人は「いのち」を定番のお土産にしている!!

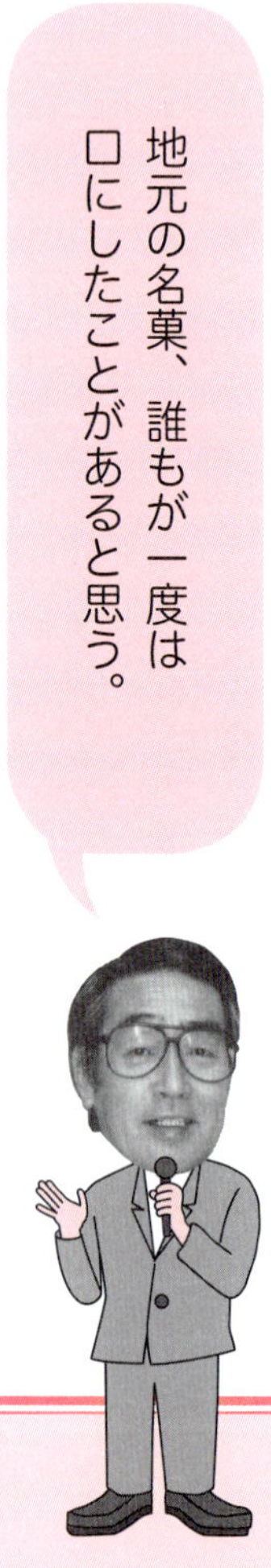
地元の名菓、誰もが一度は口にしたことがあると思う。

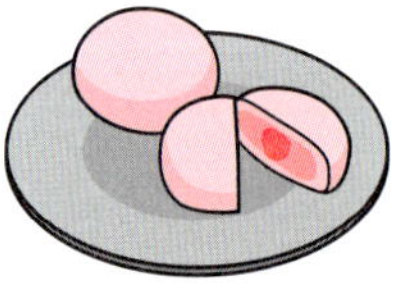

大切な人やお宅への手土産や、季節のご挨拶などに持参するお土産を選ぶ時、津軽の人たちの定番となっているのが「いのち」である。

「このいのちを手土産に……」なんて言っても物騒な話ではない。**「いのち」とは地場のお菓子メーカーの名菓の名前**だ。

「いのち」を作っているのは「株式会社ラグノオささき」で、弘前市に本社を置く菓子製造販売会社。「ラグノオささき」は主に北東北地区のスーパーやショッピングセンターを中心に洋菓子店「ラグノオ」を展開している。

ところで、この「ラグノオ」が「酪農」の津軽弁訛りだと誤解されることが多いようだが本来の意味はもちろん違う。「シラノ・ド・ベルジュラック」という戯曲に登場する菓子職人の名前なのだという。しかし、代表菓子の「いのち」が、牛乳や卵黄をたっぷり使用して作ったカスタードクリームのケーキであるということは、「酪農＝ラグノオ」と覚えても間違いではないと思うのだがどうだろう。

さて、「いのち」は、とろりとしたカスタードクリームを柔らかな蒸ケーキで包み、中心にアップルソースを入れた、**ふんわりカスタードケーキ**だ。りんご味のほか、チョコ味・抹茶味、さらに季節限定の「いのち」もある。栗風味の「いのち」が出たことで秋の訪れを知る青森人は多い。

寒立馬の姿に自分たちを重ねて厳しい冬に耐えるべし！

逆境に耐え忍ぶ寒立馬の姿に
勇気づけられますね。

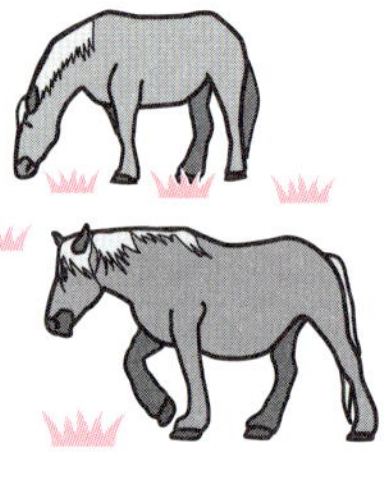

下北半島の最東端にある尻屋崎。岬の先端には**日本最大級の明るさを誇る尻屋崎灯台**が凛とした白亜の姿を見せ、夏から秋にはイカ釣りの漁り火を見ることができる場所としても有名だ。

東通村の海岸地帯はかつて南部藩の牧場があり、田名部馬と呼ばれる比較的小柄で寒気と粗食に耐え、持久力に富んだ馬が一年中放牧されていた。この地では、厳寒の中にいてもじっと動かない姿をみせるカモシカのことを「寒立」と呼び、**極寒にも耐えながら放牧されている岬の馬を「寒立馬《かんだちめ》」と呼ぶ**ように。最初に「寒立馬」と称したのは昭和45年尻屋小学校の校長の岩佐勉氏。それまで「野放馬」と呼ばれていた馬を「東雲に勇みいななく　寒立馬　筑紫ヶ原の　嵐ものかは」と短歌に詠んだのがきっかけ。併せて昭和43年に尻屋崎が下北半島国定公園に指定、観光客が訪れるようになり、知られることに。最果ての地に立つ**白亜の灯台と寒立馬の風景は全国の旅人たちの旅情をくすぐった**。

寒立馬

青森に生きる人たちはみな、逆境に耐え忍ぶ寒立馬の佇まいを、北の大地や海辺に生きる自分たちの姿と重ね合わせる。だからこそ長く厳しい冬を乗り越えられるのである。

御山・岩木山は津軽人魂のよりどころ

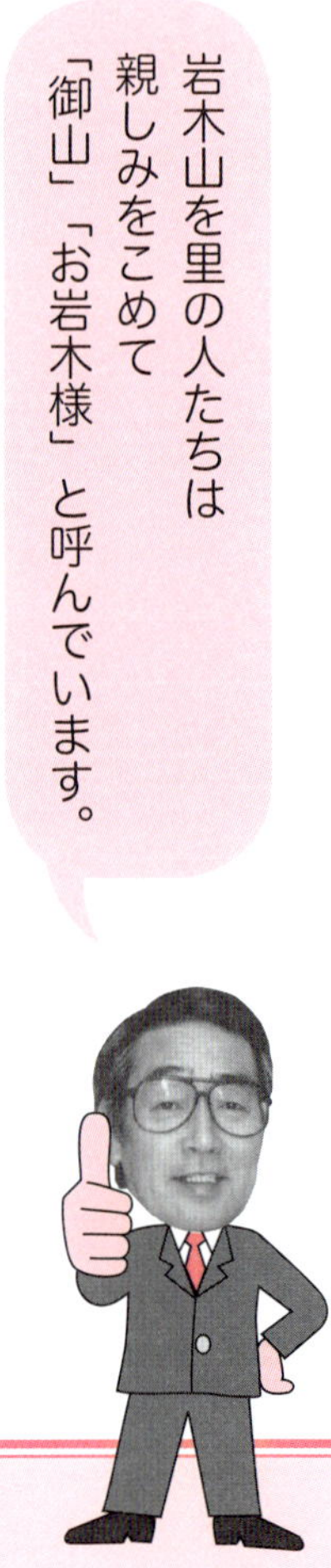
岩木山を里の人たちは親しみをこめて「御山」「お岩木様」と呼んでいます。

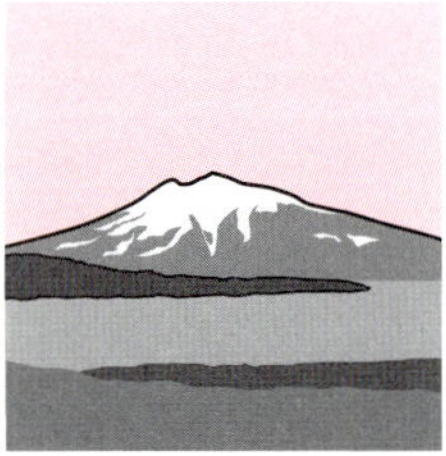

津軽のシンボル、**岩木山を里の人たちは「御山」「お岩木様」と呼ぶ**。青森の西部、津軽平野の南西部にある、美しい円錐形をした活火山である。山容が富士山に似ており、別名・津軽富士と呼ばれることも多い。標高1625メートル。

昭和40（1965）年に岩木山スカイラインが完成して大型バスで八合目までいけるようになった上、そこから鳥海山噴火口までのリフトもできたため、気軽に観光登山することが可能になった。山麓の嶽温泉、百沢温泉なども賑わいをみせる。

岩木山は古くから津軽一円の信仰を集めてきた。弘前市百沢には**創建約1200年の歴史を誇る岩木山神社**もある。津軽人たちは山にかかる雲の動きで天候の変化を予知し、農作業に反映させているほか、さまざまな日常生活のよりどころとしてきた。

岩木山御山参詣

豊作祈願のため岩木山に登る「お山参詣」行事は、毎年旧暦の8月1日を中心とした3日間に開催され、**国の重要無形民俗文化財に指定**されている。初日の「向山」では、岩木山神社に訪れた人たちが参道を上ってお参りし、二日目の「宵山」では、参拝者が黄金色の御幣や色あざやかな幟を掲げて練り歩く。最終日「朔日山《ついたちやま》」では懐中電灯などの灯りだけを頼りに岩場を登りきり、山頂付近でご来光に向かって手を合わせるのだ。

オキテ 32

「利きリンゴ」で品種をあてるべし！

青森人だったらみんな
リンゴの味に詳しいと思う。

世界に約1万5千種、うち日本に約2千種、そして青森県では約400種が試験場で栽培されているりんご。青森＝りんごのイメージ通り、**このうち約70種が実際に農家で栽培され、約60種が市場に出荷**されている。

そんな青森のりんごの品種と割合は、「ふじ」が約半数。以下、「王林」「つがる」「ジョナゴールド」「陸奥」「北斗」「紅玉」「デリシャス系」と続く。他にも少量が生産されている品種も多種。とりわけ津軽地方には無人のアップルストアが点在する。出荷できなかったりんごを格安で販売しているのだ。津軽にはいつでも気軽にりんごが食べられる環境が整っている。

それだけりんごに親しめる県民性があるわけだから、りんごの品種を言い当てる、つまり**「利きりんご」も青森人はできてしまう**。以前、人気テレビ番組でも検証されていたが、6割以上の人々がりんごの品種を言い当てていた。これはやはり、おのずと毎年りんごをもらって食べることも他県よりはるかに多いからだろう。さらに、**りんごの品種を網羅した下敷きが小学校で配布されている**ことも大きいはずだ。物心つく頃にはりんご学が擦り込まれているのだから。

オキテ 33

節分では、豆まきは落花生、かけ声は「福は内、鬼も内！」というべし！

良い鬼だったら、「鬼は外」ではなくて「鬼も内」で納得。

全国津々浦々、2月3日は「鬼は外、福は内」のかけ声とともに豆をまく節分行事が行われる。この時にまく豆について、青森は少数派の落花生である。

あなたが節分でまく豆の種類は？　というアンケートが2014年11月にあった。「大豆」と答えた人は73・4パーセント、「殻付き落花生」は29・8パーセント。落花生派は3割ほどの少数派だ。しかし落花生派は、北海道・山形を除く東北地方・新潟・長野・宮崎・鹿児島に多かった。そして驚くべきことに青森はそのアンケートに関しては**回答の100パーセントが殻付き落花生**であった。なぜに青森は完璧に落花生なのだろうか？

明治初期に日本で始まった落花生栽培は、昭和30年代以降、北海道でその生産が拡大した。いつの時代も風習の流行や変化というのはあるもの。新種の豆の拡大定着化を背景にして、雪の中に撒いた豆を拾うのに楽とか、後で拾って食べる時の衛生面とか、後始末が簡単そう、などという理由から青森では落花生ということになっていったようだ。

さて、弘前市には**「福は内、鬼も内！」という風習**を守る神社がある。その名も鬼神社。ここはその昔、用水路を作って人々を助けた鬼が祀られている。だから鬼は悪者として外に追い出す必要がないのだ。そういえば津軽のいろんな神社の鳥居をよく見ると、**さまざまな色と形をした鬼たちが鳥居に飾られ、睨みを利かせている**。そんな鳥居を持つ神社はザッと数えても40ヵ所以上あるようだ。やはり津軽は鬼の国なのだ。

オキテ 34

青森人は、どこにいても餅や団子をよく食べる

青森には本当にさまざまな餅や団子があります。

青森にはさまざまな餅や団子がある。ルーツは津軽が米の餅で、県南は麦やそばの餅。

津軽・西北地方の「笹餅」は、甘く煮た小豆ともち米粉を混ぜてこねた後、丸めて蒸し上げ、殺菌効果がある笹の葉で包む。三八地方の内陸部の「きんか餅」は、小麦粉にお湯を加えてつくった皮で、くるみ、黒砂糖、ごま、味噌などのあんを包んで半円形に綴じて熱湯で茹で上げる。三八地方の「なべこ団子」は、もち米粉にお湯を加えて一口大に丸め、真ん中をへこませてから茹で、甘く煮た小豆に入れて食べる。似ているのがおいらせ町の「へっちょこ団子」だ。上北・三八地域の「くるみだれ餅」は、餅または団子に、くるみ、砂糖、しょう油、塩をすり混ぜたたれをつけて食べる。同じ上北・三八地域には、そば粉や小麦粉、もち米粉などで作った餅や串餅に、すりつぶしたエゴマと砂糖や味噌などを混ぜた甘めのタレを塗って焼く「じゅね餅」がある。下北の「べこ餅」は、練った生地を着色して模様を作り、かまぼこ状に成形した後、厚さ1センチぐらいに切って蒸す。金太郎飴のように模様や絵柄が見える餅ができあがる。

その他、むつ市の「豆餅」、津軽・西北地域の「しとぎ餅」、津軽・中南地域の「あさか餅」、三八地域の「バター餅」「せなかあて」、青森市や鶴田町、鰺ヶ沢町や田舎館村の「がっぱら餅」、三八地域の「あずきばっとう」、八戸市の「あかはた餅」などがあり、青森は、**何かあれば餅という餅文化大国**である。

オキテ35

青森では、「しあさって（明々後日）」と「やなさって（弥の明後日）」が混沌としている

しあさってになりますね
ハァ、そんなにかかるのが？

昔ながらの言葉の使い方には注意しましょう。

日本では一般的に「あさって（明後日）」の次の日を「しあさって（明々後日）」、その翌日、つまり「あさって」から2日後を「やのあさって（弥の明後日、青森では「やなさって」と表現する）」という。

これは青森の南部地方や下北地方でも同様だ。ところが津軽ではその逆となる。

つまり**津軽地方では、あさって、やなさって、しあさって……となる**。ただしこれ、わりと**年配の人たちが使っている**もので、若者たちになると津軽でも、あさって、しあさって、やなさって……なので注意が必要だ。

こうした地域間ギャップと世代間ギャップが相まってとても紛らわしくなるのだが、例えば郵便や宅配を送る側と受取り側の認識がズレると大変だ。

送り主（年配の津軽人）「これ、今日発送すると、いつ着きます？」

係の人（南部人あるいは若い津軽人）「しあさってになりますね」

送り主「ハァ、そんなにかかるのが？　やなさってにならねがな？」

係の人「遅い到着をご希望ですか？」

送り主&の人「は？」

その土地ならではの昔ながらの言葉の使い方は大事であるが、今まさに**新旧の言葉の転換期に差し掛かっている**ということなのだろう。

年越しやお正月には、紅白対決の「子あえ」が定番料理

紅白にするのは
青森ならではの食習慣です。

青森県では年越しやお正月、法事のまかないなどで**「子あえ」という郷土料理が食べられてきた**。冬に青森近海で水揚げされる真ダラの生たらこ（魚卵）を贅沢に使った炒め煮である。鮮度の良い生たらこを、塩やしょう油などの味付けで作るのだが、味付けは各家庭の好みによっていろいろだ。

素材は生たらこの他に、糸こんにゃく、ネギを基本材料として入れ、さらに弘前市あたりでは高野豆腐も入れる。下北地域ではワラビが、津軽・中南地域の平川市あたりでは大豆もやしが入る。

そして、大事なのがそれらの具材に加え、さらに**人参・大根を入れる**こと。それも地域によって人参だけ、大根だけ、両方のミックスと違っている。大きく分けると、津軽では「人参の子あえ」が主流で、南部では「大根の子あえ」が主流となる。

「人参の子あえ」か「大根の子あえ」か、いずれにしても見た目美しい紅白の食べ物ということで年末年始のめでたさが演出される伝統料理である。

ところで、この「子あえ」は北海道でも郷土料理とされている。さすがに隣り合っているだけに食の文化圏が酷似しているのかと思うのだが、北海道の「子あえ」はつきこんにゃくにスケトウダラのたらこを混ぜてグツグツ煮込む料理で、人参とか大根を加えて紅白につくるものは違う。**紅白にするのは青森ならでは**なのだ。

オキテ 37

全国で唯一、車が通れない階段の道が国道に指定されている!!

なかなか気の利いた（?）道路行政ですね。

一般的な「国道」のイメージは、街と街を結ぶ主要な道路であるとか、何台も車が連なって走っている広い道路になるだろう。ところが津軽半島の竜飛崎近くにある国道は、なんと1台の車さえ通れない。なぜかというと幅も狭いのだが、それ以前に**道が階段になっている**から。しかもわりと急。これが全国で唯一の「階段国道」である。全長338・2メートル、階段数362段の国道だ。

階段国道

階段脇には手すりも付いていて完全に歩く人向けの道でしかない。しかし、路肩にはしっかり国道標識が立っていて、わざわざ**「階段国道」の補助標識まで付いている**。これは正真正銘の国道なのだと言っているのである。

しかし、それにしてもなぜこんなものができたのだろうか。明確な回答はないものの、何かの手違いで階段が国道に指定されてしまったのだろうということは想像に容易い。

その他の説としては、担当者が現地を見ずに、地図上でルートを選定したからという話もあるが、どちらにしてもミスに気づいたのはそれはそれとして「せっかくだからこのまま整備して売り出そう」という運びになっているのに違いはない。あえてそのまま階段を国道にしているあたり、**なかなか気の利いた道路行政**といえるのではないだろうか。

オキテ
38

青森人はスイーツ感覚で赤飯を食べる

青森では県内の一部を除いて、赤飯は甘い食べ物だと思っています。

砂糖が贅沢品だった昔のなごりなのか、今も**青森では甘いものが大事にされている。**

例えば、お赤飯。下北・上北・三八地方の一部を除く青森県全域で「赤飯は甘いもの」である。小豆の代わりに甘納豆を入れたりもするし、三八地域などではゴマ塩を振りかけて甘さを強調する。そしてこの甘い赤飯を使ったおやつに三八地域の「赤飯サンド」（おこわせんべいともいわれる）がある。主に農作業の合間に食べられてきたもので、赤飯を南部せんべいではさんで食べるもの。この形だと手を汚さずに食べられるため、田植え時期などに作業を手伝ってくれた人に出された。また、お盆のお供え物としても。

青森では**「茶碗蒸し」も甘い**。地元メーカーが「玉子豆腐」として商品化もしている。銀杏の代わりに入れるのは栗の甘露煮だ。これは下北地方の一部を除いて全県で共通するオキテ。栗の甘露煮の煮汁も出汁に混ぜ、より甘く仕上げる地域もある。ちなみに大間町や風間浦村では、年越し用の茶碗蒸しにアワビやエビを入れるし、弘前市、鰺ヶ沢町、横浜町では甘納豆を入れる。青森市では板麩や糸こんにゃくだ。

「いなり寿司」も甘い。津軽では紅しょうがを酢飯に混ぜて作る。そのため酢飯がピンク色になって見た目も可愛い。紅しょうがを酢飯の上にのせたり添えたりするのは下北だ。また、その酢飯にくるみを入れるのは津軽の一部。大間町では茶碗蒸し同様にアワビやエビが入るという豪華版である。

オキテ 39

つがる市は、駅舎をはじめ街は「しゃこちゃん」だらけ

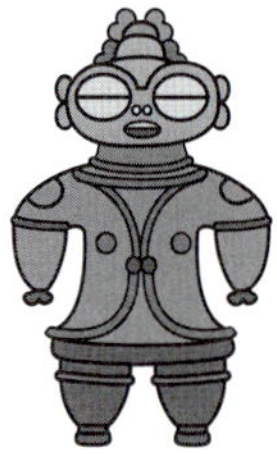

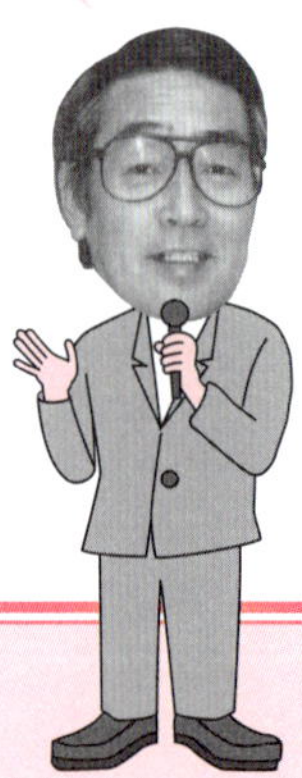
「しゃこちゃん」は
つがる市のアイドル的存在です。

ここで下車して、改札の外に出てみてみないとわからないことなのだが、つがる市にある木造駅の駅舎外観というのは、とてもユニークな形をしている。

地元・亀ヶ岡遺跡から出土した**「遮光器土偶」をキャラクター化した「しゃこちゃん」が駅舎になっている**のである。その高さ17メートル。東京国立博物館に収められている実物の遮光器土偶の高さは34・2センチだから約50倍の巨大遮光器土偶なのだ。

しゃこちゃん

遮光器土偶というのは、北方民族のイヌイットが雪中の光除けに着用した「遮光器」を付けた形態に似ていることからそう呼ばれた土偶のことで、東北地方の晩期土偶に多く見られる作風である。

さて、木造駅のしゃこちゃんは**目からビームが出る設計**になっているのだが、あまりにリアルかつ迫力もありすぎて近所の子供が怖がったため、今では要請があった時だけ点灯している。幻想的なものというのはなかなか子供には理解できないもののようだ。

つがる市・木造という土地は貴重な遺跡が豊富な「縄文の里」として知られる。そんな**つがる市のアイドル的存在**で、この駅舎だけでなく、市のマンホールのふたやお菓子などにも活かされている。街中いたるところにしゃこちゃん。それがつがる市なのである。

おでんには、生姜味噌と白いコンニャクを入れるべし！

この食べ方は、戦後、青森駅周辺にできた闇市の屋台から始まったようです。

青森生姜味噌おでん

「おでん」は青森の隠れた名物。一番の特徴は、**付けダレの味噌に生姜が溶かれている**ことである。青森市民の味、味噌に生姜が入っていないと物足りなさを感じる。

この「青森生姜味噌おでん」は戦後、青森駅周辺にできた**闇市の屋台から始まった**と伝えられている。また、生姜が入ることの由来としては、厳しい寒さの中で青函連絡船に乗り込もうとするお客さんの体を少しでも暖めようと、一軒の屋台のおかみさんが味噌に生姜をすりおろして入れたという話があり、これが喜ばれ広まったとされる。具にも特徴があり、コンニャクはおでんの具材の代表格であるが、灰色のコンニャクではなく、**青森では真っ白いコンニャクを使う**。

今では青森市内のほか、青森スタイルのおでんの他に、青森市の「道の駅なみおか」では、大きい角コンニャクに割り箸を突き刺しただけのマンガに出て来るようなシンプルおでんがあり、付けダレは生姜味噌。また、山間部の茶屋などでネマガリダケ（チシマザサ）の竹の子が具になるのも青森らしさ。

おでん大好きの青森では、コンビニエンスストアで年中、真夏でも販売されている。

41 つがる市で発見された埋没林は世界最大規模で、地球の宝物と思うべし！

まさに悠久の時を経て現れ出た地球の宝物ですね。

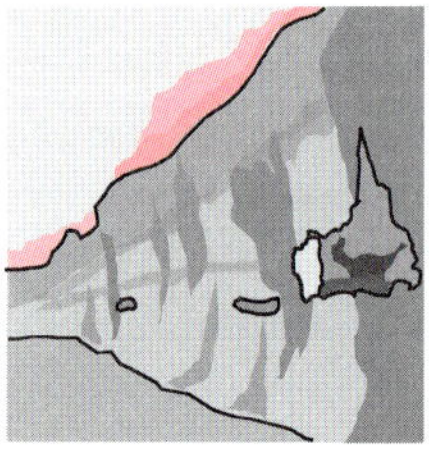

つがる市は津軽平野の中央部から西に位置し、その日本海に面した中泊町小泊から西津軽郡鰺ヶ沢町まで続く海岸線は「七里長浜」と呼ばれる。その名の通り約7里（28キロ）以上ある長大な砂浜だ。

この海岸ある**約2万8000年前の地層から埋没林が発見された**のは平成6年9月のことだった。約1キロにも渡る埋没林ゾーンは世界最大の規模といわれ注目されている。

七里長浜の埋没林は、今から約8万年から2万年前に当たる最終氷期後期に、洪水などの急激な環境の変化によって、植生していた針葉樹が水没し、その根がそのまま**真空パックのような状態をキープして風化せずに残った**ものだという。やがてそれが埋没林として露出してきた貴重な樹木の化石なのである。分析結果から、これらの樹々はエゾマツ、アカエゾマツ、カラマツなど、寒冷地にあった針葉樹であることがわかっている。

幅およそ30センチの泥炭層に、1、2メートルの間隔で数千本の針葉樹が並ぶその風景は、まさに**悠久の時を経て現れ出た地球の宝物**。荒々しい日本海に面した大砂丘の絶壁の土中で、今なお生きている地球の息づかいさえ感じさせる。

ちなみに埋没林と呼ばれるものは青森県内には他にもいくつかある。下北郡東通村のヒバの埋没林、十和田市にある1万5000年前の埋没林、そして平成10（1998）年には青森市内でも縄文時代の埋没林が発見されている。

「八戸せんべい汁」で客人をもてなすべし！

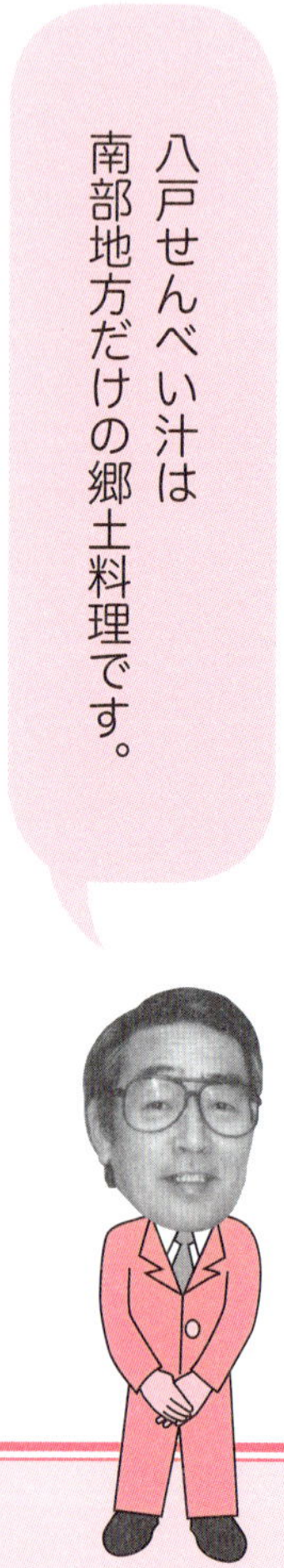
八戸せんべい汁は
南部地方だけの郷土料理です。

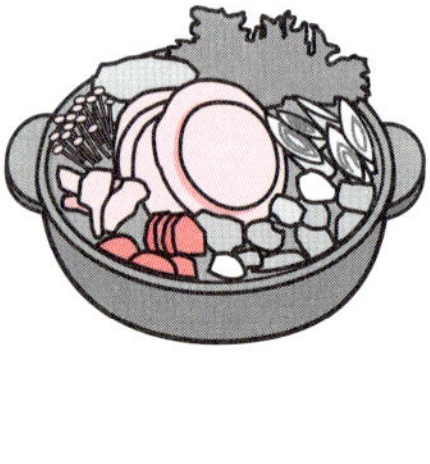

南部名物の、その名も南部せんべいをどうやって食べているか。そのままお菓子としてももろちん食べるのだが、やはり八戸市方面では、**せんべいを汁物に入れて食べている。**これが今やB級グルメとして知られる「せんべい汁」である。

肉や魚、野菜やキノコなどでダシをとった汁の中に、メインの具材として南部せんべいを入れる。今では「せんべい汁用の南部せんべい」、煮込んでも溶けにくく、餅のようにモチモチする専用の「おつゆせんべい」と呼ばれるものが売られている。

江戸時代の後期、南部八戸地方では「麦・蕎麦食文化」が独自に出来上がり、麦せんべいや蕎麦せんべいが生まれる。これがやがて現在の「南部せんべい」に繋がり、そのまま食べるだけでなく、季節の具材を入れた汁物にちぎって混ぜ入れて食べたりもされていき、「せんべい汁」の始まりとなる。この誕生からだいぶ時を経た**昭和40年代になって家庭料理として定着**。その後、全国的な郷土料理ブームが起こり、「せんべい汁」は次第にポピュラーになっていく。そして「八戸せんべい汁」として全国的に発信したのが2003年。B-1グランプリなどの流行も相まって大ブレイクしている。

ブームとしてだけでなく、今では**青森を代表する「もてなしの食」**として「八戸せんべい汁」は広く愛されている。

十和田湖乙女の像には「都市伝説」がささやかれている

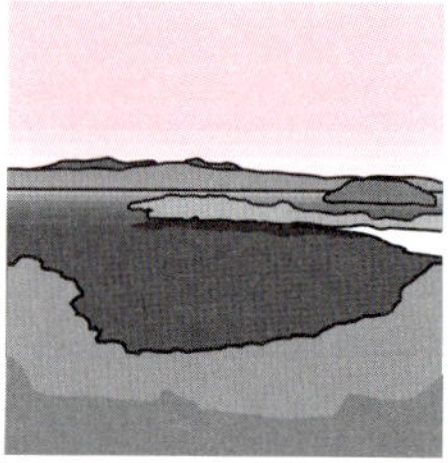

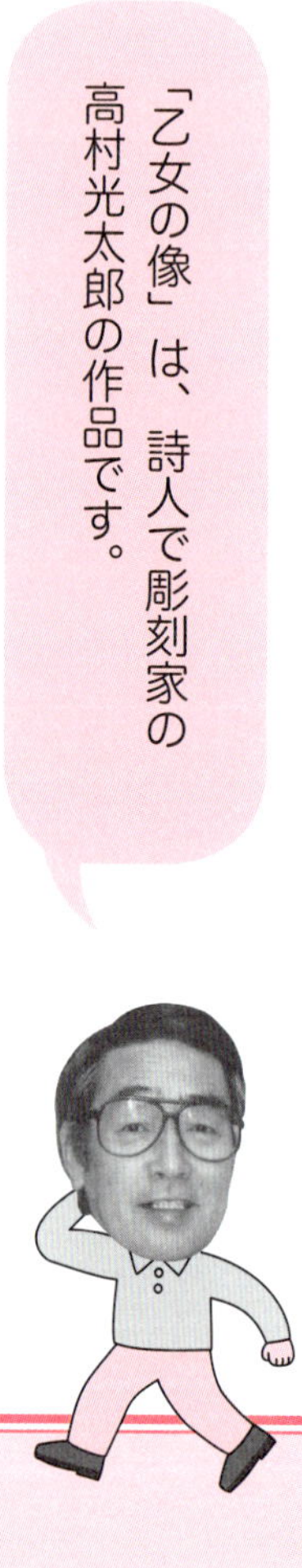
「乙女の像」は、詩人で彫刻家の高村光太郎の作品です。

パワースポットとして知られる十和田湖は、火山の噴火で形成された二重カルデラ湖で、最大深度は326・8メートルと、日本で3番目の深さであり、とても神秘的な気配だ。

この十和田湖畔に立つ「乙女の像」は、詩人で彫刻家の高村光太郎の作品。**光太郎が生涯愛した智恵子夫人をイメージしたもの**だという。

だが、と言いつつ、見てみると、女性が二人で手を合わせているではないか。本当に智恵子さん？　それともわざわざ智恵子さんを二人作ったのか？

その真相はこうだ。これはあくまで智恵子さん一人なのだが、湖水に映った姿とともに二体で一つの像なのだという。まったく芸術家の発想はすごい。ちなみに二体の背の線を伸ばした三角形が無限を表しているそうだ。

乙女の像

青森には、この十和田湖畔の**乙女の像にまつわる都市伝説がある。**

それは乙女の像を、愛する人と見に行くと別れるというジンクス。

これ、乙女の像と同じポーズを取ると、**愛する人といつまでも仲良しでいられる**と言われている。ただし、写真は撮らないこと、という覚え書き付きだ。写真を撮ったものなら別れが訪れるという。

オキテ44

小正月には「けの汁」を大量に作り置きして主婦の手間を省くべし！

「けの汁」は、雪深い地方の小正月の精進料理です。

青森県の津軽地方。東青・中南・西北地域を中心に根づいている**味噌仕立ての汁物**がある。それが「けの汁」だ。

地域や家庭によって具材に多少の違いがあるが、昆布や焼き干しの出汁に、サイの目状に細かく切った大根や人参、ゴボウなどの根菜類、山菜のたぐい、油揚げ、高野豆腐、コンニャク、潰したずんだ（大豆）などを具材にして作る「けの汁」は、**雪深い地方の小正月の精進料理**である。

しかし、この「け」というのは、なんのことだろう。「け」とは「粥（かゆ）」のことを指すのだという。「けの汁」とは「粥（かゆ）の汁」が訛ったもの。さまざまな野菜類が入っていて栄養満点な「けの汁」は、お粥のように食べやすく、そして滋養強壮にもなるエネルギーのかたまりみたいな郷土料理だ。豊富な栄養補給源がない時代は貴重だった。しかも保存が効き、日にちがたつほど味がしみ込み美味しくなり喜ばれた。

小正月に**「けの汁」を大量に作り、数日がかりで食べる**ということは、日ごろ炊事などの家事に追われる主婦を休ませる意味合いもあったといわれている。

けの汁

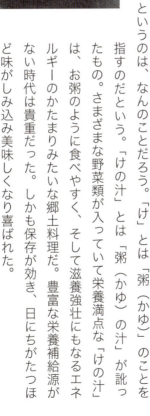

じつは「青森弁」はない。そして「津軽弁の日」がある

「東北弁」なる「弁」が無いのと同じで。

青森は訛りが強いお土地柄として知られるが、だからと言って青森弁と一括りにはできないのが実際のところ。

全域同じ方言を使っていないからだ。だから**青森弁というものはない**。あるのは「津軽弁」「南部弁」「下北弁」と細分化された地方言葉ということになる。

一般的に**「青森弁」と勘違いされているのが「津軽弁」**だろう。

その津軽には「津軽弁の日」というものがある。主に県内の人から集められた短歌、詩、小話などによる面白エピソードを、地元のアナウンサーやタレントが津軽弁で紹介するイベントとして毎年開催している。

「津軽弁の日」は津軽の方言詩人・高木恭造《たかぎきょうぞう》の命日である10月23日に行われ、その模様が年末に青森放送によって放送されているというわけだ。

これ津軽人しか参加できないのでは？　と思いがちだが、ところがどっこい下北人も作品を寄せている。だが津軽弁がほとんど通じない南部人はあまり寄せることがない。

そういう意味では**下北人には津軽弁も南部弁も理解できる人が多く**、青森県におけるバイリンガルとでも言うべきで、津軽人とも、南部とも心を通わせることができる人種なのだ。

青森人は、青森は「汁物パラダイス」の地であることを自認するべし！

青森の郷土料理には
たくさんの種類の汁物があります。

青森の汁物文化は**「せんべい汁」や「けの汁」だけにとどまらない。**

下北地域の「けんちん汁」は、昆布・煮干し出汁で根菜、干しシイタケ、山菜、コンニャク、豆腐を煮て、味噌やしょう油で味付けする。上北・三八地域の「ひっつみ」は、野菜と鶏肉で出汁を取り、こねた小麦粉を加え、しょう油味で仕上げる。**ちぎって入れることが「ひっつみ」の呼び名**になった。

下北・上北地域の一部で伝わる「けいらん」は、餅の形が鶏の卵に似ていることから名づけられた。こしあんの入った餅を入れたすまし汁で、結婚式になど慶事に食べられる。小川原湖周辺の「ガニ汁」は、モクズガニを殻ごと砕いてすりつぶし、こしたものに水と豆腐を加え、しょう油や味噌で味付けしたもの。津軽海峡や太平洋沿岸「くじら汁」は、塩漬クジラの脂身を塩抜きして炒め、根菜、豆腐を加えて煮込んだ後、味噌やしょう油で味付け。今別町の「あづべ汁」は、命名の経緯が面白い。「集める」が訛り「あづべる」となり、雪が降るまでに山や畑からフキ、タケノコ、ワラビなどの具材を「あづべる」ことから、あづべ汁と呼ばれた。

その他、県内全域の「しじみ汁」、下北地域の「八杯汁」、大鰐町の「大鰐温泉もやし汁」、五戸町の「馬肉汁」、そして八戸市の「イカの味噌汁」などと豊富で、まさに**青森は「汁物パラダイス」**なのである。

オキテ 47

会話中に「〜きゃ」だの「〜びょん」だの特徴的な語尾も頻出する津軽人

津軽の語尾はバラエティー豊か。

津軽の語尾ときたら面白い。「〜べ」「〜んず」「〜きゃ」「〜びょん」「〜ねし」「〜ちゃ」など**バラエティー豊か**だ。

「〜べ」は決定や断定で使う。「〜べ？」となると質問形になる。

「〜きゃ」は確認表現として使う。「んだっきゃ〜」は「そうだねぇ」という意味。「あの人、なんだが伊奈かっぺいさ似でるっきゃ」なんて。

「〜びょん」は推定表現。「明日たぶん雨だびょん」というふうに「たぶん」とセットで使うことが多い。「それっきゃ、たぶん違うびょん」。

「〜ねし」は津軽の丁寧語。「よぐ来てけだねし」などと使う。「よくいらっしゃいましたね」という意味だ。

しかし世の中見渡しても**「〜きゃ」とか「〜びょん」なんて言っている民族は津軽にしかいない**。

どういうふうにして今使われている言葉が発生・成立して来たのかとても興味がある。

そばのかけらで作る郷土料理「そばかっけ」は、ネギ味噌をつけて食べるべし！

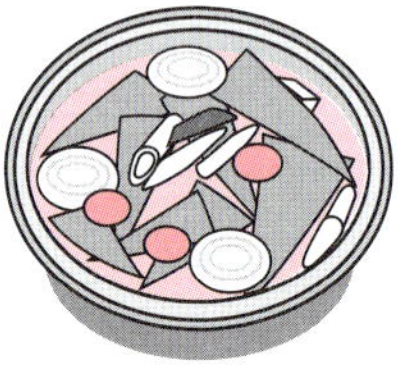

きちんと長細いそばはお客さまに、端っこのかけらは自分たちが食べたのです。

「そばかっけ」は、そば粉を練って伸ばし、三角に切ったもの。言うなれば「すすって食べるそば」ではなく**「噛んで食べるそば」**である。噛めば噛むほどそばの香りが口の中に広がり、美味しく食べることができるのだ。

「かっけ」という名の由来は、これを食べたら脚気が治ったからだとか、見た目の「角形」からだとか、「さぁ食べてください」と言う意味の方言「かぁ、けえ」から来ているという説とかさまざまあって楽しいが、そばの端っこ……「かけら」が転じたものというのが正しいように思う。

そばを作る時、生地を棒で丸く引き伸ばして切るのだが、切ってくとどうしても端っこが余ってしまう。そこできちんと長細いそばになった部分はお客さん用にして、**端っこの「かけら=かっけ」は自分たちが食べた**のである。つまり、そこには「おもてなし」の思いがある。ちなみに三戸町や田子町では同じものを「つつけ」と呼んでいるらしいが、こちらの語源はわからない。

「かっけ」には、紹介したそば粉の「そばかっけ」のほかに小麦粉の「むぎかっけ」もある。こちらはつまり「うどん版かっけ」である。どちらも**茹でてネギ味噌をつけて食べるのが一般的**となっている。三八地域と上北地域、それに岩手県北部を中心に分布し、だいたい11〜3月の季節に食べられる郷土食だ。

オキテ 49

津軽の早口言葉は素敵な教えを説く！

津軽の早口言葉には、生活の知恵が隠されています。

なのものわのもの、わのものわのもの

津軽には**「なのものわのもの、わのものわのもの」という早口言葉**がある。

「お前のものは俺のもの、俺のものは俺のもの」という意味である。韻を踏んだラップの歌詞みたいだが、地元の人に言わせればこんなのまだ序の口。初級編だ。

上級者向けの津軽弁の早口言葉はこれ。

「しゃべればしゃべったてしゃべらいるし、しゃべねばしゃべねってしゃべらいるし、どうせしゃべらいるんだば、しゃべんねでしゃべらいるより、しゃべってしゃべらいだほうがいいべ」

おそらく何を言っているのかわからないと思う。意味はこうである。

「話せば話したと言って陰口を叩かれる。話さなければ話さないと言って陰口を言われる。どうせ、あの人は何も言わないからと言って陰で悪口を言われるのなら、言いたいことを言って悪く言われた方がずっといい」

面白おかしく畳み掛けてくるので**地元の人間でも笑ってしまう**のだが、この早口言葉には、面と向かって言わず、陰で批判する東北人の性質を指摘するとともに、「言いたいこと言ったほうがいい」という提案まで含まれている。津軽の早口言葉はそんな**素敵な教えをユニークに伝えている**のである。

オキテ 50

みんなでざっくばらんに盛り上がりたい時は、「じゃっぱ汁」を食べるべし！

せっかく買った魚を無駄なく使い切るための食の知恵ですね。

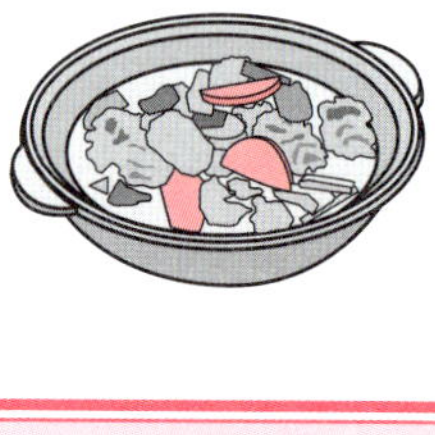

青森では、タラやサケの骨についた身や内臓、そして白子などを**余すところなく食べるための汁物を「じゃっぱ汁」とか「アラ汁」と呼ぶ**。「じゃっぱ」も「アラ」も同じ意味なので、呼び方の違いは地域の違いだけ。内容はほぼ同じだ。

地元で水揚された大型の魚を丸ごと買うことが多い青森では、**せっかく買った魚を無駄なく使い切るため**に、身も内臓も残さず食べられる「じゃっぱ汁」のような豪快な汁物があるのだ。

じゃっぱ汁

津軽ではタラが一般的だが、上北、三八地域では鮭を使うことが多い。魚を季節の野菜と一緒にじっくりと煮込み、味付けして食す。昔は塩味が一般的だったが、最近の主流は味噌味。タラやサケなどの頭や骨も全部鍋に投入するので、濃厚な魚のうまみが出る。

「じゃっぱ」は「アラ」と同じ意味とはいったが、「じゃっぱ」という言葉は、**ざっくり一つにまとめたものいう「雑把」**から来た。魚の旬を使う鍋は、ごはんにもお酒の肴にも合い、同じ鍋を突つき合ながら、ざっくばらんに心を通わすためにちょうどいい、駆け引きなしの「じゃっぱ」な、いかにも青森らしい郷土料理といえるのである。

51 津軽の駄菓子「大王いも」と南部八戸の伝統「壺焼きいも」が好き!!

青森人にとっていもは、古き良き駄菓子であり、冬の名物でもあります。

「大王いも」は津軽に伝わる駄菓子の一つだ。駄菓子屋の店頭で引いたくじの結果で、親（大）・子（小）どちらかがもらえる。**いもと言いつつ、白あんが入ったあんドーナツ**だが、その形や色がイモに似ていることから「イモ当て」とも呼ばれる。閻魔様が描かれた台紙のくじをめくると出て来る結果は、単純に「当たり・ハズレ」ではなく、「親・子」というネーミングになっているところが津軽の優しい心遣いにも思える。いわゆるこの「くじ駄菓子」は、一般的には昭和30年〜40年代に流行し、50年代には衰退していったが、青森では40年代に根づいたものが今に至るまで地道に続いており、親子そして孫の代まで共通の楽しみを話題にできるというのはとても素敵なことだ。

昭和の雰囲気を色濃く残す「陸奥湊」は、ＪＲ陸奥湊駅の南口にある。ここにスルメや煮干しなどの水産加工を営む「三戸商店」があり、**名物の「壺焼きいも」を焼いて販売している**。冬の水産加工業が落ち着く頃、冬場の仕事になるようにいもを焼いたのが始まりらしい。店内にある大きな壷に炭を焚き、熱い壷の中にサツマイモを吊るす。熱をいもにゆっくり伝えていくことによって、いも本来の甘みが存分に引き出されるのだという。かつては八戸市内に20軒ほどあったが、いま「壺焼きいも」屋さんは三戸商店だけだ。

古き良き駄菓子、そして冬の古式ゆかしき名物が、偶然にも**「いも」というキーワードで守られている**青森はほっくり温かい。

オキテ 52

青森人のソウルフードは「ホタテ貝焼き味噌」

ネギが入れば贅沢な逸品になる地域もあります。

青森人たちの大好物に「ホタテ貝焼き味噌」がある。大きなホタテの貝殻を鍋として使い、ホタテ、卵、長ネギなどをダシ汁に入れ、味噌で味付けした家庭料理だ。地元では略して「かやき」と呼ぶ。酒の肴にもなるし、このままご飯にのせて食べるのも美味しい。

ホタテ貝焼き味噌

作り方は簡、まずホタテの貝殻に、水と焼干し・煮干しを入れて、そこに味噌を溶き、火にかける。これが沸騰してきたらネギをたっぷりと入れる。ネギが煮えてきたところに溶き卵を回しかける。これを弱火でゆっくり煮ながら食べるのである。これは汁そのものより**ネギ、焦げついて貝にこびりついた味噌が美味しい**。

「ホタテ貝焼き味噌」といいつつ、ホタテの身は入らないの？　と驚くかもしれない。あくまで家庭料理としては入らないのが基本。ただし名物郷土料理となった現在、料理店の「ホタテ貝焼き味噌」にはホタテの身やヒモも入っている。家庭料理の場合は、あくまで**栄養豊富な卵やネギが主役**なのだ。つまりホタテ貝を味噌とともに焼くのではなく、ホタテ貝の殻で味噌を焼くのが「ホタテ貝焼き味噌」「かやき」なのである。

ちなみに下北地方では同じ料理を「みそ貝焼き」と呼び、具がいろいろ入る。

オキテ 53

海が4つもある青森だからこそ、海の幸のブランド商品「七《なな》子《こ》八《はっ》珍《ちん》」あり！

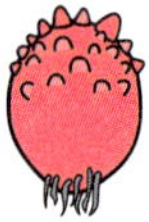

青森近海から獲れる魚介類で、旬には家庭の食卓にのぼる青森らしい食材です。

今、青森では、青森近海から獲れる魚介類で、旬には家庭の食卓にのぼる青森らしい食材をまとめてブランド化した**全34品目の旬の食材を「七子《ななこ》八珍《はっちん》」と称してPR**している。

【七子】は、魚卵の類い7種であり、「このこ」「たこのこ」「ほたてのこ」「すじこ」「ましらこ」「ぶりこ」「たらこ」。「このこ」はナマコの卵巣で、「たこのこ」はタコの卵巣、「ほたてのこ」はホタテ貝柱の外側にある卵巣（オレンジ色の部分）、「ましらこ」はマダラの精巣、「ぶりこ」はハタハタの魚卵である。

【八珍】は、8つの珍味系魚介。「くりがに」「がさえび」「なまこ」「うに」「ふじつぼ」「白魚」「さめ」「ほや」となる。「くりがに」はトゲクリガニ、「がさえび」はシャコである。青森では「さめ」も刺身や焼き物、煮物などでよく食べる。

「七子八珍」とは、社団法人青森観光コンベンション協会の登録商標、紹介した【七子】と【八珍】とともに他に【堂々九品】（青森県特産の定番魚類が9種類）【隠れ十品】も指定されている。

ふじつぼ

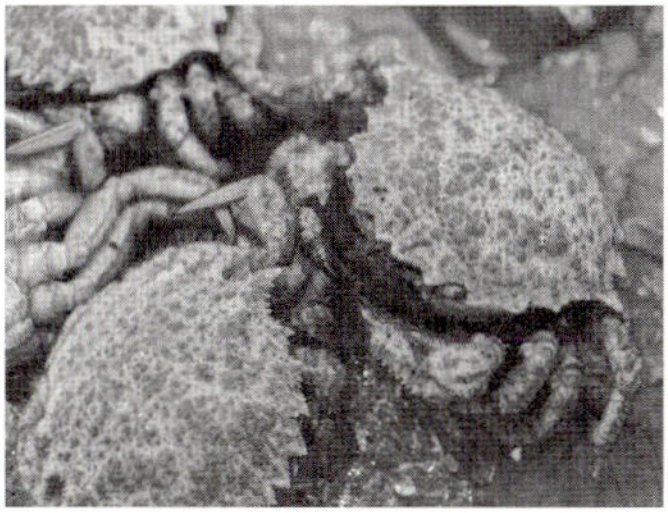

トゲクリガニ

オキテ
54

イカ刺しは、秋・冬限定で「わた醤油」で食べるべし！

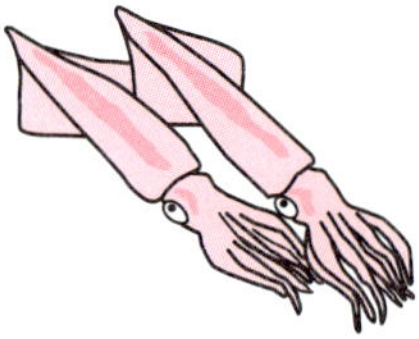

青森人は美味しいイカの食べ方を熟知しています。

日本有数の漁港・**八戸港に水揚げされる主な魚はイカとサバ**。水揚数量全体の約8割を占める。特にイカ類は、長年水揚げ日本一を誇っている。日本人ほどイカを食べる民族はいないそうだから、八戸のイカが、イカ食大国ニッポンを守り、リードしているということになる。美味しい食べ方も熟知している。

スルメイカの食べ方は、煮物、焼き物、揚げ物の他、干しスルメや塩辛に加工するなど、多様だが、やはりオススメは新鮮なスルメイカのお刺身だろう。イカ刺しを食べる際、舌が肥えている八戸人は、鮮度の高い「ふわた（肝）」を醤油に溶かした**「わた醤油」にサッと付けて食べる**。「ふわた」が太って美味しくなる秋から冬にのみ。

頭の先端が槍のように尖っていることから呼ばれるヤリイカは、産卵期が春であるため、産卵前の冬が一番美味しい時期。八戸でも11月頃からトロール船で漁獲されたヤリイカが並び始める。冬の高級食材であるヤリイカもお刺身がオススメ。熱を通すと甘みが増、煮付けや焼き物にしても美味しく食べられる。

平成22（2010）年8月10日、「イカの街はちのへ　まちづくり研究会」によって、毎月10日を「イカの日」に、そして**8月10日を「八戸イカの日」**が定められている。八戸の「八」と、イカの足の数である「10」にちなんで8月10日。また、同研究会が主催して「ご当地イカ料理コンテスト」も開催され、八戸市民のさらなるイカ愛を深めている。

オキテ55

津軽人はねぷたに命をかけていた！

津軽人のねぷたにかける思いは、他の地域の人たちとは少し違う。いや、大きく違うのだ。実は、ねぷたの長い歴史の中で、昭和初期まで**弘前のねぷたは喧嘩祭りとして有名だった**。ねぷた同士が道端で出逢うものなら、ただちにそこで互いの山車を壊し合い殴り合ったというのである。

今でもねぷた絵の稜線に沿った肩の部分に書かれた「石打《いしうち》無《む》用《よう》」は、昔から、かっかした荒れくれ者たちが、**灯籠に石を投げるといった行為があった**ことの名残であるといわれる。

また、武者が生首をつかんでいる絵や逆さ吊りにされて血が滴っている絵など、特徴的なねぷた絵は、そんな喧嘩が前提で描かれており、「このねぷたに手を出したら、お前らを絵のように返り討ちにするぞ」という一種の**威嚇的な要素が込められている**という。そこまで身体をかけ、命をかけるほどの祭りがねぷた祭りなのである。

オキテ56

「ウニ丼」といえば卵とじであることを心すべし！

「ウニ丼」といえば、おそらく多くの人が「生ウニ」がゴハンの上にたっぷり乗った、あの豪華な丼の姿を想像してワクワクすることだろう。

ところが八戸における「ウニ丼」は大抵「**ウニを卵とじにしてゴハンに乗せた丼**」なのだ。カツ丼のカツや、親子丼の鶏肉がウニになったバージョンの丼なのである。生ウニ丼に比べると確かに値段も半額以下と安く、八戸の卵とじバージョンの方が庶民派である。

生ウニが無いわけではない。いや、たくさん採れているんだから絶対にあるのだ。しかし、**八戸の食文化が昔からそうなってきた**のだから仕方ない。生ウニ丼が食べたい時はちゃんと「生ウニ丼」と明記してあるのを確認し、きちんと「生ウニ丼をお願いします」と言う必要があるということだ。

もっとも八戸の人たちは「ウニの卵とじ丼」でとりわけ文句はない。こういうものだと思っているし、もちろん**これはこれでとっても美味しい**のだから。

オキテ57

じょっぱり太鼓は津軽人の気質を物語る！

津軽人の負けず嫌い、意地っ張り、頑固さは、今に始まったことではない。伝統的な気質といえる。中でも、ねぷた祭りにつきものの大太鼓だが、これを「じょっぱり太鼓」と呼ぶ。この太鼓にはこんなエピソードがある。

三代目の津軽藩主、津軽信義公にまつわる話であるが、或る年の江戸城年賀の式登城した際、控えの間には諸国の大名が集っており、たまたま加賀藩の城内に六尺もある大太鼓があり、これは恐らく日本一だろうと云っている話を耳にした。その話の内容に「じょっぱり根性」が目覚めたのか、その話に割って入り、薄ら笑いを浮かべながら「津軽ではその程度のものは子どもが遊ぶ玩具の類である。**我が城内には十尺に余るものがある」と大法螺を吹いた**のである。その後、信義公が言い放った言葉は本当かと実否を確かめるために大名たちは、雪どけの時期を待って検使を下向させた。そして「本当だった」と言葉を失った。**じょっぱりな殿様の面目躍如**たるエピソードである。

オキテ
58

青森人はみんな、「しらうお」と「しろうお」の違いを知っている

小川原湖は**天然の「しらうお」の漁獲量でも日本一**である。全国の約7割に当たる約700トンを1年で水揚げしている。漁期は9月から3月の秋漁と、4月から6月の春漁との二度ある。今や「しらうお」漁は、この地域を支える水産資源の一つとなっている。

シラウオ科の「しらうお」はとても弱い魚で、漁の時、網から上げ、空気に触れるとほとんどが死んでしまうほどだ。**生きている時は無色透明だが、死後は白色不透明**となる。地元では刺身として食卓に上る。

「しらうお」によく似た魚に「しろうお」がある。こちらはハゼ科で踊り食いが有名になっているほど強い魚だ。酸素を注入した袋などで流通しており、同じ青森県では津軽半島の蟹田川などで獲れる。こちらは獲れる季節から、春の風物詩となっている。

このよく似た「しらうお」と「しろうお」を見分けるポイントだが、**脂びれ（尾びれの近くの小さい背びれ）があれば「しらうお」、無ければ「しろうお」**だ。

オキテ59

漁師の厄介者だった「フジツボ」が今では高級食材

一般的にはほとんど食材と思われていない海産物だが、**青森では珍味として知られている**のが「フジツボ」。磯の岩場にびっしりとくっついている貝みたいなもので、一見、食べられそうにないが、味を外見で判断してはいけない。実は**フジツボは甲殻類。つまりエビとかカニの親戚**なのだ。美味くないわけがない。

かつてフジツボは、青森県民にとって毎日のように食べていた身近な味だった。同時に養殖漁師にとっては養殖棚に付着する厄介者でもあった。しかしそれが食材として大量に獲られるようになると一気に希少価値の高い珍味となってしまった。特に陸奥湾産の「フジツボ」は、首都圏の**高級料亭から引き合いがあるほどの高級食材**である。香り高い磯の風味が醍醐味のフジツボは、身を食べた後に残った茹で汁も感動的に美味い。

青森ではこの珍味・フジツボを、青森の新鮮な海鮮食材34品「七子八珍」の一つとしてブランド化し、全国に向けてＰＲしている。

オキテ60

津軽人の「えふりこぎ」！

じょっぱり気質の津軽人は、「えふりこぎ」ともよく言われる。これは「いい振りをする人」つまり**「見栄っ張り」「ええかっこしい」という意味**の言葉だ。

「じょっぱり」は意地っ張りのことだが、「えふりこぎ」は見栄っ張りのことでちょっと違うのだ。

つまり、「えふりこぎ」は、その人にとって不相応な身なりや言動をしたり、いい気になって**度を過ぎた派手な振る舞いをする人を非難する**ときに使われる言葉なのである。

なお、この言葉は同じ東北地方の秋田県などでもよく使われているが、秋田の場合はお互いの行動を規制する時の戒めの言葉として使う。しかし、津軽人がこの言葉を使うときは、逆である。えふりこぎな面は、逆に**いい意味に捉えると、気前の良さ、施しの心にも通じる**のだ。だから、「津軽人のえふりこぎ」とは、何か特別な行事の際には、皆が楽しめるように大判振る舞いをしてしまうといった気質のことを指すのである。

オキテ 61

津軽弁は大学でも教えている！

津軽弁はもはや大学での語学カリキュラムの中にも登場している！と言っても、学問としての第二学国語ではない。これは当地で**医療行為をする人にとっては絶対に必要となる実用科目**なのである。

弘前大学医学部では「医療用 津軽のことば」として、医療に関係した津軽弁を解説した教材を使って学生たちに教えているのである。

例えば、患者から「息がほない」と言われた時に、この言葉の意味を知らないと対処しようがない。これは「息が苦しい」ということ。他には「うじゃめく」と言われたら、「寒気がする」ということを言っているのだ。また、「けだるい」や「気分がすぐれない」と言う時には「ぐしらめぐ」、筋肉が緩むことを「ぐだらどなる」など、**津軽弁独特の言葉があり、それを知らないで医療行為などできない**のだ。こうして津軽弁は全国でも唯一、大学で学ぶ方言となっているのである。

オキテ62

「めし！」「しるー！」と一晩中絶叫しながら食べ続けるべし！

佐井村には**一晩中絶叫しながら食べ続ける奇祭**が守り伝えられている。その名も「おこもり」。毎年12月15日と1月15日の夜、村内の神明宮で行われている独特の風習だ。

「準備はよろしいか！」という合図で、参加者が「めしー！　めしっ！」と大声で催促。すると給仕役が「ほれっ、めし！　もっと食え！」と、お櫃から白い飯をよそって差し出す。ご飯の後には、「汁！　しるー！」と参加者が絶叫し、給仕役が「汁！　飲めー！」と熱々のすまし汁を注ぐ。こうやって**参加者は降参するまでお代わりを続ける**のである。

村が飢饉に襲われていた百数十年前の昔のこと。その年の12月15日、海には大きな鯨が流されて来ていた。だが岸までは寄って来ないため獲ることができない。そこで村の漁師たちが神明宮にこもって願掛けを続けた。すると翌年の1月15日に鯨は岸に流れ着いた。こうして村は飢饉から救われた。それから「おこもり」は**大漁と無病息災をもたらすもの**として毎年続けられることになったという。

オキテ63

太宰治ファンは斜陽館に行くべし！

太宰治は、言わずと知れた**日本の代表的な小説家**である。明治42（1909）年6月19日、青森県北津軽郡金木村（現、五所川原市）に生まれた。本名は津島修治という。青森中学、弘前高校を経て東京帝国大学に学んだ。太宰の生家は現在、太宰治記念館「斜陽館」（1998年開館）となっている。この斜陽館は、**地主だった太宰治の父・津島源右衛門が名匠堀江左吉に建てさせた豪邸**である。太宰は青森中学に入学するまでこの家で育った。館内には、原稿や写真をはじめ、マントや帽子といった、太宰が愛用した品々が展示され、太宰ファンには見逃せない。また、この建物の裏には太宰が疎開時に暮らした家もある。ここで太宰は、妻と共に1年4ヵ月間暮らし、『パンドラの匣《はこ》』『苦悩の年鑑』『トカトントン』など、数々の作品を執筆したのである。実は太宰の評判は地元ではあまりよくないが、20数年くらい前、太宰と観光とを結びつける話が起こり、**観光の名所として市が力を入れ始めた**。今や太宰にからめた観光は軌道に乗り始めているという。

オキテ64

屋外のバーベキューは、専用の広場ではなく公園の適当な場所でやるべし！

米軍基地があることもあってか、**古くからバーベキューが盛んな三沢市**。「(自称) 三沢バーベキュー協会」なる組織もあり、「三沢バーベキューフェスティバル」や「バーベキュー検定」も開催されている。

そんな三沢市民にとって**バーベキューとは「公園でやるもの」という意識が強い**。一般的な感覚では公園で焼肉なんかしていいの？ というマナー違反的雰囲気が漂うものだが、三沢の場合はまったく違う。むしろ市役所に電話すれば特に面倒な申請もなく、まったく気軽にバーベーキューを楽しむことができるのだ。いや、それだけでない。町の肉屋さんに注文して**お肉を購入すると焼き器も合わせて公園まで配達**してくれたり、市内の酒屋さんがビールなどの飲み物を配達してくれたり、回収に来てくれたりもする。

日本中探してもこんなところはないだろう。みんなバーベキューが好きだからこそ、あるといいなと思うサービスが確立して来たのかもしれない。

オキテ65

日常的な人気食品が、実はその地域にしかないローカル食品であることに驚かざるべし！

青森市民は8年連続**インスタント麺を食べる（買う）街ナンバーワン**に輝いている。

そんなカップ麺大好き青森県民にとって代表的インスタント麺といえば「バゴォーン」だろう。わかめスープ付きの定番カップ焼きそばである。しかしこれ、東北と信越のみのものだ。青森人が、社会人や大学生として**首都圏などに出た時、「バゴォーン」が売られてないという事実に驚愕**する。無いなら無いでますますどうしても「バゴォーン」が食べたい。青森を離れた県民はだいたい実家から「バゴォーン」を送ってもらってるはずだ。そんな冗談とも真実ともわからない説がまことしやかに語られている青森である。

同様に、じつはローカル商品だと知って**衝撃を覚えるものに、「メン子ちゃんミニゼリー」がある**。小さなカップゼリーで、子供のおやつだけでなく、お弁当のデザートに入るほど親しまれている。北東北の方言で可愛いを意味する「めんこい」から「メン子ちゃん」に命名されている。

オキテ
66

青森人にとってパンといえば「イギリストースト」しかありえない

2枚の食パンの間に**砂糖を混ぜ込んだマーガリンが塗られている青森のソウルフード的ローカルパン**、それが長年、青森県民から「くどぱん」という愛称で親しまれている「工藤パン」が作る人気商品「イギリストースト」だ。

他県の人たちがこれを目にすると「なんで青森なのにイギリスなのだ」**「トーストといいつつ、焼かれていない」**などとツッコミを入れて来るに違いない。なぜイギリスなのだという疑問については、この山型のパンを元々イギリスパンと呼ぶので特に問題はない。トーストじゃないだろうという疑問については、「イギリスサンド」にネーミング変更する案もあったが、「イギリストースト」が定着していたので変更しなかったらしい。

さて、この「イギリストースト」、大型スーパーなとでは、普通のタイプのほか「マロンクリーム＆ホイップ」「小倉＆マーガリン」「粒入焙煎ピーナツ」など、たくさんの種類が**1日に1万個以上製造され、そして消費されている**。県内だけで、である。

オキテ67

冷蔵庫には、調味料「源たれ」を常備するべし！

封を開けた時に**リンゴとしょうがとニンニクの香りが広がり**、それだけで十分に食欲をそそるのが「源たれ」こと「スタミナ源たれ」だ。

青森県産大豆・小麦100パーセントの醤油をベースに、厳選した青森県産のりんごやにんにく玉葱、生姜などの**生野菜を使った総合調味料**である。

製造元は十和田市に工場を構える上北農産加工協同組合。商品には「スタンダード」と「ゴールド」があり、スタンダードは、甘さと辛さのバランスがとれた定番の味。ゴールドは、甘口・中辛・辛口の3パターンがあるが、初めて買うなら中辛で間違いない。

パッと見、焼肉のタレかと思いきや、いろんな料理に活用されている。ラベルには「焼肉、ジンギスカン料理、ホルモン焼、野菜いための味付け、立田揚、魚類のかばやき、かけ醤油代わり等に」と書いてある。中には好きが高じて「源たれ」そのものを**ごはんにかけ、卵の黄身を落としてまぜて食べてしまう**という強者もいるほどである。

オキテ 68

夏は、神出鬼没の「チリンチリンアイス」を見かけたら迷わず買うべし！

青森の夏は「チリンチリンアイス」である。シャーベットよりも触感が柔らかくサラサラで、アイスクリームよりも氷感があってさっぱりした冷菓だ。白・ピンク・紫・水色・黄緑・オレンジととってもカラフルな色をしたアイスということも特徴。

ところでなんで「チリンチリン」なのかというと、リヤカーを引く売り子さんが**鐘を「チリンチリン」と鳴らしながら売り歩いていた**ことからその名がある。じつに「そのまんま」のネーミングなのだ。ちなみに地域によっては「カランカランアイス」とも呼ばれる。

今ではリヤカーではなく、軽トラで街中を回っている「チリンチリンアイス」屋さん。期間は7月頃から9月いっぱいぐらいまで。街中を回る以外は、イベント会場や公園やデパートの入口などで販売している。また、国道のバイパス沿い、道の駅などでも見かけることは多い。

神出鬼没の**「チリンチリンアイス」に出会ったら、つい買ってしまう**のが青森人なのだ。

オキテ69

「ざる中華はじめました」で、青森の夏の到来を感じるべし！

夏の到来は「冷やし中華はじめました」で知るというのが一般的な話である。しかし、**青森においては「ざる中華はじめました」**でなければいけない。

「ざる中華」は全国区ではない。このことを青森人が知ることになるのは、県外の人と知り合って、そのへんのことを話した時はじめて、ということになる。

中華麺を茹でて、冷たい水で締め、そばつゆでいただく「ざる中華」。「冷やし中華」のように甘酢っぱかったりごま油入りのつゆではない。シンプルかつリーズナブル。食堂でも家庭でも夏は日常的に食べている定番中の定番だ。

調べると「ざる中華」は、青森県を中心とした東北・北海道エリアで食べられているらしい。この中でも、**ほぼ「夏の麺＝ざる中華」なのは青森だけ**。その他の「ざる中華」エリアは「冷やし中華」もまじっているようだから、もしかすると「ざる中華」発祥地は青森かもしれない。

オキテ70 弘前でオペラを楽しむべし！

なんで、オペラを弘前で？　と思う人は多いだろう。実は弘前には、既に**40年以上も毎年公演を続けているオペラの団体がある。**その名は「弘前オペラ協会」。この団体が設立された経緯は、1968年のこと、弘前大学教育学部の**学生が学内でオペラ「フィガロの結婚」を上演したことに始まる。**そのことがきっかけとなり、仲間たちが集まって1970年9月に「弘前オペラ研究会」が発足した。そしてその後の1971年に「弘前オペラ研究会後援会」が組織され、その後オペラ活動助成の一層の充実を図るために、それまでの後援会を改組拡大し、「弘前オペラ協会」が組織されたのである。100万都市でも上演するのが難しいとされるオペラの上演を、これまで欠かすことなく年に1回の定期公演を継続開催している。しかも出演者やオーケストラ、舞台装置や照明に至るまで、**すべて自前、地域住民の協力で成し遂げている。**このような形式でオペラの上演が40年を越えて続いているのは、芸術をこよなく愛している弘前の人々だからこその快挙といえる。

オキテ
71
「すっかど〜」、「〜はんで」が会話中に頻出する津軽人

津軽では「すっかど〜」とか、「〜はんで」なんていう言葉がちょいちょい会話の中に混じっている。

「すっかど」は「すっかり」の意味で、「すっかど○○のようだ」というように、何かの様子を詳しく述べる時に使う。「まだ10月なのに北風が強くて、すっかど冬のようだ」という風に使う。

「はんで」は「〜（した）から」であり、話と話をつなぐ時などに出て来る。「すぐ行ぐはんで」とか「したはんで、しゃべったべ」と使う。意味は順に、「すぐ行くから」「だから、いったでしょ」となる。

なにげなく頻繁に会話に出て来る言葉に**「へば」「せば」**というのもある。意味は「じゃ「じゃあね」で別れる時の一言挨拶である。これは下北弁も「へば」「せば」で共通する。南部弁になると「んだば」「せば」だ。

オキテ 72

県内唯一の国立大学、弘前大学は津軽人の意地の表れ

なぜか、**県内唯一の国立大学は弘前にある**。1949年に設置された弘前大学（旧制弘前高校）である。実は、弘前は、主に政治の中枢を担う県庁を青森市に譲る代わりに、**文化・芸術都市を目指して国立大学を設置する方向を選択した**のだ。

ちなみに、現在弘前市内には弘前大学の他に、弘前学院大学、弘前医療福祉大学、東北女子大学など4つあり、短期大学3つ、県立高校が6つ、他に私立高校や専門学校なども多い。また、弘前大学には医学部があるため、**他県から医師を目指す多くの若者が集う**。

弘前大学は、全県的に希望の星であることは間違いないが、青森唯一の文化・芸術都市としての機能を充実させていきたい弘前市にとっては、青森の他地域にはない宝のタネである。今後もそうしたメリットを生かして、弘前の地が発展していくことを津軽人は密かに楽しみにしているのである。

オキテ
73

もはやおかずの定番、バリエーション豊かな「大湊海軍コロッケ」を食べ比べるべし！

むつ市大湊には、旧海軍が食事に取り入れ、**大湊の海軍部隊から誕生したといわれる「大湊海軍コロッケ」**がある。現在、21店舗で販売されている「大湊海軍コロッケ」には、その**店ごとの美味しいバリエーション**があって、それらを食べ比べるのがまた楽しい。

メンチカツ風、フレンチ風、海軍カレーと海軍コロッケのコラボ、地元大畑産のイカ入り、むつ湾産の生干し貝柱入り、地元特産品の海峡サーモン入り、横浜町の菜の花入り、下北産のジャガイモと嶽きみのコラボや田子にんにくとのコラボ、ホタテを混ぜたジャガイモでホタテを丸ごと包み込んだもの、東通特産の「寒立米」と蒸しウニの炊き込みご飯にホタテの甘露煮を入れたもの、などなど……。

大湊海軍コロッケ

同じ「大湊海軍コロッケ」でも、**一括りにできないほどバラエティーが豊か**である。

オキテ74

津軽人悲願の「新青森駅」に東北新幹線開通！

2010年12月、**東北新幹線は新青森まで開通し、これで全通となった**。東京からの営業距離は、713・7キロメートルと日本最長の鉄道路線である。

思えば、その8年前の2002年12月、東北新幹線は県庁所在地である青森を差しおいて八戸を優先して開通させた。このときの津軽人の悔しさは忘れない。そこから青森までの開通が悲願となった。ちなみに、新青森駅は、もとは1986年に奥羽本線に開業した単独駅である。また、2016年3月に新青森・新函館北斗間の開業が予定される**北海道新幹線の起点駅**にもなっている。

この東北新幹線乗り入れによって、現在駅周辺の青森市石江地区南部が急速に区画整理・再開発が進んでいるという。なお、新青森駅に新幹線が止まるとはいえ、青森市の代表駅は青森駅だ。新青森駅は青森市街地の西外れに位置しており、東北6県の県庁所在地では唯一、**新幹線駅と市の代表駅が異なっている**点が特徴的だ。

オキテ
75 風情ある「マテ小屋」の光景を復元し、古式漁法を守り伝えるべし！

小川原湖は汽水性のため淡水魚と海水魚が生息する。シジミやしらうおの他、ウナギ、ワカサギ、コイ、フナなども多い。ここには湖と海をつなぐ高瀬川があり、**やなを仕掛けて捕獲する、古式ゆかしき漁**に使われた小屋があった。

湖面に設えた小屋の下に大きな網を張り、杭と杭との間に柴や竹の葉を沈めて魚を網に誘い込む。魚が入るのを待つ間、**漁師が待つための水上の小屋が「マテ小屋」**なのである。

マテ小屋

このマテ小屋、かつては周辺の尾駮沼や鷹架沼にもあったといわれ、12〜3月頃、産卵にやってきた春ニシン（沼ニシン）などの漁が行われていたという。

現在、この漁は行われていないが、地元周辺の食卓では、同じ時期に獲れる**ニシンこそが春告げ魚**であり、春の味を告げるものに変わりはない。

オキテ 76

ロマンチックな雰囲気にひたりたければ「夜のアゲハチョウ」を鑑賞するべし！

青森県の北東部に延びる下北半島の中心地・むつ市では「夜のアゲハチョウ」を見ることができる。本州最北端の夜景スポット「釜臥山《かまふせやま》」の展望所から望む**夜の街灯りがまるでアゲハチョウが羽を広げているように見える**のだ。

むつ市は青森市中心部から約１２０キロも離れたところにあって、来るまでのアクセスはお世辞にも良いとはいえない。それにも関わらず、この展望台に到着すると何台もの車が止まっていて驚くほどだ。もちろん**地元むつ市の人たち以外の来訪も多い**のである。

嬉しいことに釜臥山には屋外展望台と室内展望台があるので、寒い時もゆっくりと夜景鑑賞できる。ここからは「夜のアゲハチョウ」だけでなく、天候が良ければ**函館方面やイカ釣り船の漁り火も見える**。展望台には管理人が常駐しているため安心。釜臥山観光道路の通行可能時期は、積雪状況によって変動ありだが、基本的には5月の上旬から11月３日まで。入場は21時半までで、22時に閉門される。

オキテ
77

地元津軽人でさえ、何をいっているのか分からない津軽弁もある

津軽人でさえ、慣れ親しんだ津軽弁が**何を言っているかわからないことがある**。

「あんまりやすすぎて、ひろさぎ、はづのへがらもくるんだど」。

「ん？　あんまり安すぎて、弘前発の屁から食うんだと……？」

そう聞こえるのはローカルビデオ屋さんのコマーシャルだが、正解は「あんまり安すぎて、弘前、八戸からも来るんだと」らしい。弘前・八戸が「ひろさぎはずのへ」となり、これが「弘前発の屁……」に聞こえてしまっていたというわけだ。

ターゲットを地方だけ絞って宣伝するローカルコマーシャルなのだから、これはこれでいいのだが、**堂々たる訛り様**には、津軽人たちも苦笑いしながら「まいいね」と呟くようである。

オキテ78

有名な鳥取砂丘をはるかに超える規模の砂丘が青森にある!!

海岸の砂浜が広がっている場所を砂丘と呼ぶ。有名なのは鳥取砂丘だが、青森には、その**鳥取砂丘よりも広くて大きい砂丘がある**ことはあまり知られていない。

猿ヶ森砂丘、別名・下北砂丘は、青森県東通村の尻労《しつかり》から小田野沢までの太平洋沿岸に広がっている。その幅およそ1～2キロ、総延長は約17キロ、**広さは約1万5000ヘクタールと、鳥取砂丘の30倍**はあるという。

それだけの規模がありながら、どうして知名度が低いのか。

理由は簡単。一般の観光客が立ち入ることができないからである。この砂丘には周囲に立ち木などが存在しないことから、エリアの大部分が防衛省技術研究本部の下北試験場（弾道試験場）になっているのである。

そういうわけで**残念ながら立ち入り禁止**である。誰一人入ることはできないし、関係者以外は入ったことがなく、おのずと直接その光景を見た一般人はいない。

オキテ
79
風間浦村の人々は、下風呂温泉と井上靖文学とイカレースが自慢!!

津軽海峡に面した**本州最北端の村・風間浦村**には、藩政時代より湯治場として知られ、今なお秘湯ファンが集まる「下風呂温泉」がある。海峡を望む「海峡いさりび公園」には、この温泉を愛した文豪・井上靖の小説『海峡』の文学碑がある。

さて、そんな**風間浦村といえばやはり海産物**である。下風呂漁港に面した「活イカ備蓄センター」は、自分で選んだイカをその場で刺身にして食べることができる。この施設内には「元祖烏賊様レース」なるものの常設レース場がある。7月下旬〜10月下旬の毎週金曜と土曜に行われている**レースには、誰でも自由にイカのオーナーになって参加することができる**（参加料600円）。このレースに参加したイカは、レース後に刺身にしてもらってこれ以上ない鮮度抜群の状態のものを食せたり、持ち帰ったりできる。

元祖烏賊様レース

オキテ80

マグロで有名なのは大間町だが、その漁獲量県内ナンバー1は深浦町であることを知るべし！

豪快な一本釣りの大間マグロ（クロマグロ）は全国的に有名かつ高級品であるが、青森県内の水揚げ量の約半分を誇る**深浦マグロは県下ナンバーワン**なのだ。

深浦町は青森の最西端、日本海側に位置する。「黒いダイヤ」と称されるクロマグロは、日本海を回遊し、春から夏にかけて津軽海峡へと北上する際に深浦沖で漁獲され、岩崎漁港、艫作《へなし》漁港、深浦漁港、風合瀬《かそせ》漁港、北金ケ沢漁港などで水揚げされる。

この深浦マグロを夏マグロと呼び、対する津軽海峡で獲れる大間のマグロを冬マグロと呼ぶこともある。深浦の夏マグロは、大間の冬マグロと比べてやや小ぶりだが、**さっぱりした赤身が特徴**である。また漁期が長いことで、その味覚を楽しめる期間も長くなり、**価格もほぼ安定してリーズナブル**。そのあたりが庶民的といえる。

深浦マグロステーキ丼

オキテ 81

青森市は独特濃厚ラーメンワールドである

青森県民はラーメン好き。2008年調べのインスタントラーメン消費量は全国1位で、2013年調べの**ラーメン店舗数ランキングでは全国6位**の566軒というスゴさだ。

まずは津軽人には圧倒的に馴染みがある煮干し出汁ラーメン系がある。「津軽ラーメン干し会」なる組織に参加している8店舗が、いずれもなかなかの人気で、共通するのは、**大量の醤油に煮干し出汁どろっどろのスープ**である。

そしてもう一つが「味噌カレー牛乳ラーメン」。40年以上の間、青森市民に愛され続けるソウルフードである。札幌で人気ラーメン店を開いていた佐藤清氏が、昭和43年に青森市にラーメン店を出店。**味噌、塩、醤油ベースに、カレーや牛乳を組み合わせた**ものを出し、人気を博した。今では青森市を代表するラーメンにまで成長・定着した。

味噌カレー牛乳ラーメン

オキテ
82
青森人がよく使う言葉「かちゃくちゃない」は微妙なニュアンスの意味を持つ

津軽弁でよく聞く「かっちゃくちゃね」ってどういう意味かと問われれば、**微妙なニュアンスがあって答えに結構困る。**「散らかっている」とか「まとまりがなくて苛立つ感じ」なんて感じかなと答えてしまうことが多いが、「滅茶苦茶である」「イライラする」と訳すのも間違いないように思う。

伊奈かっぺい氏の説では、**「かっちゃ（＝お母さん）」が「食っちゃ寝」**ばかりしていると、家の中が「かちゃくちゃね」状態になるそうだ。

ナルホド、これが一番わかりやすい！　意義なしである。

オキテ
83
「弘前のさくら」は津軽人の自慢の一つ

全国的に知られる、**弘前の春を飾る「弘前さくらまつり」**。毎年4月の下旬ころから見ごろとなり、県の内外の人々の楽しみの一つとなっている。

そもそも桜の名所である弘前公園に桜が植えられたのは正徳5(1715)年のことである。その当時の**弘前藩士が京都の嵐山からカスミザクラなどを持ち帰って植えられた**。

その後、100年以上もの歳月が流れ、時代は江戸から明治になり、明治維新の混乱から城内は荒れ果てた。そこに少しでもかつての活気を取り戻そうと、1000本のソメイヨシノが植栽されたのである。やがてその混乱も収まり、弘前城跡が公園として整備されて一般開放されたのは明治28(1895)年のことであった。

その後もソメイヨシノの植栽は続けられ、現在では約2600本のさくらが一面に咲き誇り、**頭上をさくらがトンネルのように覆うさまはまさに圧巻**である。しかも、昼と夜とでは見え方が違うことから、昼夜楽しめる名所として多くの人々に親しまれている。

4にこだわったプチ自由の女神「ももちゃん」がおいらせ町で立ち尽くす

おいらせ町には高さ20・8メートル（本体11・5メートル、台座9・3メートル）もの**「自由の女神」が建っている。**いちょう公園の池のほとりに立ち尽くしているのだ。

もちろん自由の女神といえばアメリカ合衆国ニューヨークにある独立のシンボルだ。

その本物の4分の1サイズのものがおいらせ町にあるわけは、**この町がニューヨークと同じ緯度だから**と至ってシンプル。どちらも北緯40度40分なのだ。この数字にあやかってサイズも4分の1サイズで作ったというわけだ。

この自由の女神像は、合併しておいらせ町になる前の**百石町の名にちなんで、地元の人からは「ももちゃん」の愛称で親しまれ**、夜間は鮮やかにライトアップされ、ロマンチックな名所として恋人たちが集う場所なっている。

おいらせ町の自由の女神

オキテ 85

キリストの墓があるなんて、青森人はキリストの末裔かも!?

国道454号を車で走っていると**「キリストの墓」と記された道路標示**に出会う。同じ標示には「ピラミッド」も記されているので、いやはやなんとも、不可思議な風景になっている。これがあるのは岩手との県境に近い青森県南の新郷村である。

それにしても、あのキリストって新郷村に来ていたの？　そしてここで死んだの？

新郷村に伝わる話によれば「十字架にかけられたのは弟のイスキリで、キリストは密かに来日して、八戸太郎天空と名を変え、この村で106歳まで生きた」となっている。そして実際に**キリストやイスキリのものと思われるお墓が発見されている**のだ。

ちなみにキリストの墓の脇には「キリストの里伝承館」が建ち、さらにイスラエル大使館が立てた記念碑が建立され、現在、**新郷村とエルサレムは姉妹都市**となっている。

キリスト祭

オキテ86

津軽人は「かきくけこ」と言って客人をもてなす!?

「どさ?」「ゆさ」は青森の観光バスにおけるバスガイドが**津軽弁の会話例として必ず紹介する掴み的テッパンネタ**である。意味は「どこへ(行くんですか)?」「風呂屋へ(行きます)」だ。とても有名な例文である。

同様に、短い津軽の有名な会話例には次のようなものがある。

例:A「け」、B「く」 意味:A「食べなさい」、B「いただきます」

例:A「めが?」、B「めよ」 意味:A「美味しいですか?」、B「美味しいね」

短すぎるセンテンスの応酬で津軽の会話は成り立っている。ポイントなのは「カ行」のようである。

例:A「こー、けー」、B「くー」

意味:A「おいで、食べなさい」、B「食べるよ」

この調子だと「カキを食べるから来なさい」は「かきくけこ」になる。

オキテ87

青森にはその昔「ピラミッド」が本当に存在した⁉

ミステリー系の情報通の話によると、日本にも数万年前のピラミッドが7つあり、その一つが**新郷村に存在する「大石神ピラミッド」**だという。

ここでいうピラミッドはエジプトにあるようなものではなく、自然の山を利用したもので、山頂や稜線に巨石が規則正しく配置され、**神社のような信仰の対象として存在した**のだといわれている。古代からの自然崇拝が元になったものが日本のピラミッドなのだろう。

しかしながら、その昔、「青森にピラミッドが?!」というブームが巻き起った時には、多くのマスコミや知識人が戸来村（現在の新郷村）を訪れ、一大騒動を巻き起こしている。「竹内古文書」という謎の古文書の記述に従って竹内巨麿という茨城の宮司が戸来村を訪問したことが騒動のきっかけだったという。

最近また**パワースポットのブームなどに乗って新郷村は注目されている**。前出の「キリストの墓」も含めて、町おこしや観光の視点からも盛り上がりを見せている。

オキテ88

津軽人は疑いもなく津軽弁を標準語と思っている

津軽弁では、**テレビは「映る」ではなく「入る」**のだ。

布団は「かける」ものではなく「着る」もの。

手袋は「つける」ものではなく、「履く」ものである。

ゴミは「捨てる」のではなく「投げる」のだ。

お金を「両替する」ことは、お金を「くだぐ」という。

津軽の人間は東京に出るまで、これらを標準語と思っている。そして東京やほかの土地の人に「は?」といわれ、笑われ、初めてそれらが津軽の方言と知り、とたんに恥ずかしくなる。そんな経験は1度や2度ではないはずだ。

そういえば、津軽では**「違う」ことも「つがる」という**。「生まれも育ちも津軽?」と聞かれて「つがる。高校の時にむつ市から越して来た」という具合に使う。津軽人以外が聞いているとどっちなのかわからない会話である。

オキテ
89

噂の梵珠山で謎の火の玉を見るべし！

青森市と五所川原市にまたがる標高468メートルの山がある。その名も梵珠山《ぼんじゅさん》。一年を通じて雲の発生が多く、県内有数の多雪地帯でもある。

地元の伝説によると、かつてインドから釈迦が日本を訪れ、梵珠山で修行し、インドに戻って悟りを開いた後、晩年になって再びこの地を訪れて生涯を終えたと伝えられている。

この地は**飛鳥時代から信仰の山であった**といわれ、仏教に関係深い地名が多く残っている。梵珠山という名も釈迦三尊仏のうちの一つ、文殊菩薩から名付けられたといわれる。

この山中に建つのが釈迦堂で、**旧暦4月8日と7月9日には御灯明が降臨する**と伝えられている。御灯明とはつまり「火の玉」だ。この不思議な発光現象の目撃談は昔から多く残されており、**旧暦7月9日（8月下旬頃）の夜に出現率が高い**といわれる。

これを地元では「お釈迦様の墓に高僧の霊がかえって来る時の後光」と伝えられており、1988年からは「火の玉探検ツアー」も行われている。

オキテ 90

恐山にてプチ「あの世」を体感するべし！

下北半島のほぼ中央にある**「恐山」は、「日本三大霊場」の一つ**として有名だ。

7月20日～24日に行われる「恐山大祭」、そして10月上旬の三日間に行われる「恐山秋詣《まい》り」の期間、ふだん荒涼とした雰囲気の「恐山」もたくさんの人たちで賑わう。

恐山

そしてこの期間中、子供の頃から厳しい修業を積んだ盲目の巫女《みこ》＝**「イタコ」が死者の言葉を生者に伝える「口寄せ」を行う**。

寂寥感に満ちた宇曽利山湖や、真っ赤な太鼓橋、道ばたに積まれた小石の山々、カラカラと回る数え切れない風ぐるま。そして「賽の河原」「地獄谷」「血の池」などの**恐ろしげな名前から「あの世」を感じずにいられない**。

ちなみに恐山の山門内には「恐山温泉 宿坊 吉祥閣」があり宿泊することができる。

オキテ
91
津軽では「ありがたい」ときは「迷惑だな」と言うべし！

津軽の人の表現は**独特すぎるからこそ味がある**。

例えば、あなたが、道端で何かで困っている地元の人を親切に助けたとする。きっとその人は、あなたに向かってこう言うであろう。「迷惑だな」と……。

津軽の言葉を知らないと愕然とするが、実はそれは、「申し訳ない。ありがたい」という意味の表現なのだ。**もともとは「ご迷惑をおかけしてすみません」という表現**が省略されたのである。

この他にも独特な表現の例としては、「こわい」がある。何も恐怖にかられてこわいと言っているわけではない。**「疲れる」ことを「こわい」と表現する**。さらに、「うるがしておく」という表現もわかりずらい。これは「水に漬けておく」という意味の言葉。このように津軽は独特で味がある言葉が多いのである。

オキテ

92

お盆には、送り火として盛大に花火をして大いに賑わうべし！

西北や三八地域では、**お盆期間中は毎日お墓に行く**という家が多く、大間町や東通村ではお墓の前で花火もする。また階上町には、お盆の入りの日に墓前で墓念仏を唱和し、念仏踊り「鶏舞」を舞う習慣もある。送り火の習慣に目を移すと、**三戸町では「きんか餅」を送り火で焼く**というし、八戸市などでは盛大に花火をする。

お盆のお供え物では、「せなかあて」という小麦粉で作る薄い餅が面白い。ご先祖さまが荷物を背負って帰る際につける、背当てとひもの形を表しているとされる。全県的な風習となっている**「法界折《ほうかいおり》」とはお墓に供える弁当**を指す。中に赤飯、煮しめ、なますなどを詰める。下北地域では、サツマイモの天ぷら、けんちん汁、ところてん、白玉、赤飯をブドウの葉に乗せて墓前に供える。お墓参りも送り火もとにかく賑やかなのである。

きんか餅

オキテ
93

青森にも残る「義経北行伝説」、今も義経はファンの心に生き続けている

悲劇の武将として知られる源義経は、腹違いの兄である源頼朝との確執のため追われていたが、やがては隠れ住んでいた奥州（現在の岩手）平泉で自害したといわれる。

その歴史とは別に、**実は義経は生き延びて北へと逃れ、岩手から青森、そして北海道から大陸へと渡ったという伝説**がある。いわゆる「義経北行伝説」と呼ばれるものだ。

例えば、津軽半島の外ヶ浜町には、義経が北海道に渡る際の逸話が伝わっている。荒れる津軽海峡に行く手をはばまれた義経が、観音像を置いて、三日三晩祈り続けたといわれるのが「厩石《うまやいし》」である。義経の祈りが通じ、やがて海は静まって岩の洞穴に繋がれていた3頭の龍馬で義経とその家来は海峡を渡ったという。**その伝説を由来として、長くこの地は三厩《みんまや》と呼ばれた**。

三厩には義経が祈りを捧げたという観音像が今も安置されている「義経寺《ぎけいじ》」や、義経が大切にしていた甲《かぶと》を海神に奉納した場所に「甲岩《かぶといわ》」もある。

オキテ94

青森はかつて日本の中心地だった？　いにしえから伝わる「日本中央の碑」

東北町に残る**古い石碑には「日本中央」と刻まれている**。

「ひのもとちゅうおう」と読むが、この「ひのもと」という意味は、今の「日本」ではなく、「日が昇るところ」――つまり、当時の大和朝廷から見ての東国、らしい。日本全体の中央ではなく、あくまで東国の中央がここだと示している石碑というわけである。

この碑は、現在「日本中央の碑保存館」に展示保存されているが、昭和24年に地元の人によって現在の保存館近くの渓流で発見された。高さは1・5メートル、幅70センチだ。

実は12世紀に書かれた書物に、蝦夷征伐に来た**坂上田村麻呂《さかのうえのたむらまろ》が「日本中央」という文字を刻んだ「つぼのいしぶみ」**があるという記述があるというのだ。長く伝説と捉えられていたが、石碑の発見で古文書が記すものが現実であると証明されたというわけだ。

こうした貴重な歴史遺産が残されてる青森は、長く中央勢力の配下とならざるを得なかった分だけ、逆にいえば**未知なるものが温存されて来た**といえる。

青森人は、「私」「あなた」を「わ」「が」でいう!?

まずは「下北弁」の「私」。**川内町市街地（現むつ市）や横浜町市街地では「わ」**である。民話には「おら」を使ったものがあるから、かつては「おら」ともいっていたのだろう。「下北弁」で「あなた」は、「んが」と「んな」の間の音で発音される。

次に「南部弁」の「私」である。**南部では女性でも「おれ」を使う**。特に中高年層に多いようだ。東北地方の広い範囲で女性が「おれ」を使うことは多いようだ。「わ」「わら」ともいうが、それぞれ「わぁ」「わぁら」とやや語尾を伸ばす特徴がある。「南部弁」の「あなた」は、六ヶ所村泊周辺では、かなり強い音で「んがぁ」の「が」の音が発音される。

続いて「津軽弁」の「私」だ。**弘前市では「わ」は男性でも女性でも使う**。また、昔は多かったという「おら」を使う人は最近では少ないようだ。

津軽の「あなた」は「な」が有名だが、下北弁同様の「んが」と「んな」の間の音で発音されるものも使う。

オキテ
96

懐中電灯は「でんち」、乾電池は「すみ」

懐中電灯のことを「でんち」と言う人もいる。では**乾電池のことはというと、それは「すみ」**なのだ。なぜかはわからない。昔々からそうなっているのである。

火ばさみは「トング」ではなく「デレキ」というし、ガソリンのことは「あぶら」と言う。なので「ガソリンを給油する」というのは「あぶら詰めに行ってくる」と言う。

「散髪する」は「ジャンボ刈る」と言うが、「ジャンボ」は散髪の時や、「ジャンボ伸びた」などと使う。頭髪という単語だけの時はジャンボは使わない。

「くすぐったい」ことは「もちょこちぇ」と言うし、**気持ちいいは「あずましい」**だ。

試しに、まとめて言ってみると、「すみを入れたでんちを積んで、あぶらを詰めに行った帰りに、ジャンボ刈ったら刈り方が少しもちょこちぇがったども、スッキリしたらあずましいな」となる。きっと何を言っているか伝わらないと思う。

オキテ
97
「わいはー！」「ろー」「じゃいやいや」「じゃじゃじゃ」バリエーションありすぎの驚きの言葉に驚くべし！

津軽では驚いた時に「わいはー！」と言う。決してハワイの業界用語ではないのだ。

「わいはー」は「おやまぁ」というニュアンスがある。

同じ驚きの言葉でも「どんだんず」は「どうしたものか」という感じ。「どんだっきゃ！」「ろー」「おろー」「おんろー」も驚きの表現である。

津軽弁には他にも「らぁー」「やいや」「いー」などがあって**バリエーション豊か**だ。

一方、下北弁の驚きもまた「やいやー」「いやっ」「あいっしぇー」があるし、「じゃいーし」（大間）、「じゃいやいや」（大間、佐井）、「おいやらー」「おやな」（西通り）など、より細分化されている。

南部弁はというと「じゃじゃじゃ」「じゃっ」「あっしゃー」「あっしゃしゃー」などの驚き言葉がある。

いずれも**感情表現豊かな青森人**を象徴しているように感じる。

オキテ
98

「ごんぼほり」とはいわれない人になるべし！

「くだを巻く」という言葉があるが、下北弁・津軽弁の**「ぐだめぐ」はその転訛で、愚痴をこぼす、不平をいう、という意味**がある。

「ふて腐れること」を津軽では「こんつける」という。また同様の状態を青森全域で「ごんぼほる」という。手がかかる**ゴボウ掘りの作業になぞらえている**ようだ。「あの人は酔っぱらいすぎると、ごんぼほるんだよ」などと使う。そんなふうに「ごんぼほる」人のことを「ごんぼほり」と呼ぶ。ちなみに「ごんぼほる」「ごんぼほり」は秋田や岩手や北海道でも使うらしい。

さて、そういう「ごんぼほり」を冷静に観察していると「はんかくさい」と思うに違いない。意味は「見ていて恥ずかしい」である。**「はんかくさい」は漢字で書くと「半可臭い」**となる。広辞苑にも載っている言葉だ。半人前の人間の非常識な言動をたしなめる意味合いが強い。

青森人に「わがね！」「まいね！」といわれたら、直ちに諦めるべし！

「下北弁」「南部弁」で**「ダメ」というのは「わがね！」**である。物事が理解できないことを意味する「わからない」も「わがね」と同じ言葉になるが、厳密に言うとこれら2つは同じイントネーションではない。ネイティブの人でなければ判りにくいが、語調や音の長短で区別ができるようになっている。

一方**「津軽弁」で「ダメ」は「まいね！」「まね！」**で決まりである。これは揺るぎない。この「まいね」「まね！」が津軽弁の特徴的言葉になっている傾向が強いが、下北地方や上北地方でも使用する所があるという報告もある。おそらく「ダメ」の度合い、「ダメさ加減」によって強調する際に使い分けられているようである。

オキテ 100

青森人は、「タツ」や「キク」などと地域によって呼び方が違う食材が大好きである

青森県内全域で食べられて来た**タラの白子は今や高級食材に成り上がっている**。オスのタラが持つ精巣が白子で、サッと湯がいてポン酢で食べたり、天ぷらにして塩で食す。または冬の鍋物にも高級具材として加えたりする。青森人はどこに暮らしていてもみんなタラの白子が大好きである。

さて、そのタラの白子の呼び方の違いである。**「津軽」と「下北」では「タツ」「タヅ」「タチ」**などと呼ばれている。そして**「南部」では「キク」**と呼ばれる。津軽海峡を挟んだ北海道でも、下北と同様に「タツ」「タチ」だし、同じ南部の岩手でも「キク」や「キクコ」などと呼ぶ。ちなみに「キク」と呼ばれるのは、白子の形が菊の花に似ているためという説がある。

STAFF

■編集・制作：有限会社イー・プランニング

■執筆：高橋政彦

■カバーデザイン：小山弘子

■本文デザイン・DTP：梅沢博

■イラスト：太田アキオ

■写真協力：公益社団法人 青森県観光連盟 BARD

■取材協力：公益社団法人 青森県観光連盟 楳内有希子

青森共和国のオキテ100ヵ条
～「利きリンゴ」で品種をあてるべし！～

2015年12月25日　第1版・第1刷発行

監修者　伊奈 かっぺい（いな かっぺい）

発行者　メイツ出版株式会社

代表者　前田信二

〒102-0093 東京都千代田区平河町一丁目1-8

TEL：03-5276-3050（編集・営業）

03-5276-3052（注文専用）

FAX：03-5276-3105

印　刷　株式会社厚徳社

メイツ出版ホームページアドレス http://www.mates-publishing.co.jp/

企画担当：大羽孝志